FERNAND GIRAUDEAU

VINGT ANS DE DESPOTISME

ET

QUATRE ANS DE LIBERTÉ

« La liberté comme sous l'Empire ! »
(JOHN LEMOINNE.)

TROISIÈME ÉDITION

PARIS

LACHAUD et BURDIN, ÉDITEURS

4, PLACE DU THÉATRE-FRANÇAIS, 4

1874

(Droits réservés)

VINGT ANS DE DESPOTISME

845 — Imprimerie Parisienne, J. SOUBIE, impasse Bonne-Nouvelle, 5. — Paris.

FERNAND GIRAUDEAU

VINGT ANS DE DESPOTISME

ET

QUATRE ANS DE LIBERTÉ

> « *La liberté comme sous l'Empire !* »
> (John Lemoinne.)

TROISIÈME ÉDITION

PARIS

LACHAUD et BURDIN, ÉDITEURS

4, PLACE DU THÉATRE-FRANÇAIS, 4

1874

(Droits réservés)

Nous marchons à l'Empire ; tout le monde n'en convient pas, du moins à haute voix : tout le monde le sent.

Si le groupe d'hommes politiques qui nous conduisent avaient accordé à la cause de l'Appel au peuple, non pas la sympathique assistance qu'ils prêtèrent, l'an dernier, aux tentatives de restauration bourbonienne, mais seulement la neutralité, seulement la tolérance ; si, au lieu de comprimer de mille façons l'expression du sentiment national, ils lui avaient laissé le loisir de se manifester, la dynastie napoléonienne serait déjà rétablie.

Voulant conjurer ce péril imminent, ils inventèrent le Septennat, combinaison ingénieuse où ils trouvaient un double avantage.

Par cette halte dans le provisoire, on donnait d'abord un répit au hasard, à l'inconnu ; on laissait à la Providence le temps de promulguer quelqu'un de ses impénétrables décrets. Sept ans ! Bien des choses arrivent en sept ans et bien des hommes disparaissent. *D'ici là,* comme dit le personnage de la fable, *le Roi, l'Ane ou Moi...*

Par ce long ajournement, on espérait ensuite fatiguer les membres militants du parti impérialiste et surtout décourager les autres. Le corps électoral n'allait à l'Empire que pour sortir du provisoire ; quand les candidats bonapartistes n'auraient plus de solution immédiate à lui offrir, il ne les écouterait plus ; un parti qui ne peut parler que de l'avenir, d'un avenir éloigné, est un parti perdu .. On le croyait, du moins ; on se trompait. Les dernières élections permettent d'affirmer que la majorité du pays est disposée à mettre sept années de patience au service de ses sympathies ; qu'elle voit dans le Septennat la préface de l'Empire, dans le Prince Impérial, le successeur naturel du duc de Magenta, compagnon des gloires et des malheurs de son père.

C'est un scandale ! C'est une monstruosité ! Penser autrement qu'eux, vouloir un autre régime que le leur, jamais les royalistes, jamais les républicains ne reconnaîtront un tel droit au pays. Pour ceux-ci, la République, pour ceux-là, la Monarchie sont au-dessus de ce que M. le préfet Michon appelle agréablement les « caprices du scrutin. »

Le Septennat n'est point une arme assez puissante pour écraser l'Empire? Qu'on en forge une autre ! La République septennale n'empêche ni les candidats bonapartistes de déployer leur drapeau, ni les électeurs de le suivre? Qu'on fasse la République définitive, ou, si on le préfère, le Septennat impersonnel ! Les deux se valent en effet. Les orléanistes, croyant qu'avec une Assemblée telle que sera la prochaine, où ils figureront comme un mince appoint, le Septennat impersonnel aurait chance de passer aux mains d'un de leurs princes, font preuve d'une médiocre clairvoyance. Le Septennat impersonnel, cette magistrature provisoire, entourée d'institutions définitives, c'est la République ; la République militaire d'abord, puis la conservatrice, puis la radicale : aveugle qui ne le voit pas !

Si, pour nous éloigner de l'Empire, on nous engageait, sur

les traces de M. Thiers, dans cette voie périlleuse ; si, par elle, on nous menait à l'abîme, la responsabilité de ce dernier désastre ne saurait incomber au pays, qui fait respectueusement connaître ses vœux et ne peut davantage, mais aux hommes de parti qui refusent de l'entendre et, à la volonté de la France, prétendent substituer la leur.

Ne croyez pas d'ailleurs que cette responsabilité leur pesât : ils la porteraient fort légèrement. Ils placent le 2 Décembre au-dessous du 18 Mars, préfèrent les gens de la Commune aux Bonaparte et ne s'en cachent point : *Tout, plutôt que l'Empire :* royalistes ou républicains le disaient déjà au mois de mai 1870 (1) ; c'est, encore aujourd'hui, leur commune devise.

Tout, plutôt que l'Empire ? c'est une opinion ! Voulant qu'on respecte la mienne, je respecte les autres, même celle-ci, —à une condition pourtant : c'est qu'elle soit sincère ; c'est que ceux qui la professent soient réellement convaincus qu'en s'opposant par tous moyens au rétablissement de l'Empire, ils servent l'intérêt du pays, non l'intérêt de leur coterie ; que l'amour du bien public les inspire et non la rancune, le dépit ou l'ambition.

Vous croyez, dans votre âme et conscience, que les institutions impériales seraient plus funestes à la France que celles de la Commune ? Soit ! On vous tiendra pour un fou peut-être, non pour un malhonnête homme. Mais s'il était prouvé que ces institutions, exécrables aux mains des impérialistes, vous paraissent excellentes dès que vous tenez le pouvoir, s'il était prouvé que votre seul grief sérieux contre la Constitution

---

(1) Au mois d'avril 1870, le bruit ayant couru que le comité légitimiste, après une longue délibération, s'était décidé à conseiller de voter *oui*, M. de Boissieu, secrétaire du comité, démentit ce bruit dans une lettre à la *Gazette de France*, qui se terminait par ce mot : *Tout plutôt que l'Empire.*

impériale est de porter une autre signature, une autre étiquette
que les vôtres, on devrait vous juger beaucoup plus sévèrement
que le communard convaincu.

C'est cet examen que nous prétendons faire.

Nous rechercherons tout ce qu'on reprochait jadis à l'Empire, tout ce que, par routine, on continue à lui reprocher ;
nous compulserons son dossier pièce par pièce, nous le compa-
rerons avec celui de ses accusateurs, et nous verrons quel est
le plus chargé.

I

LE CRIME DE DÉCEMBRE

Au berceau de l'Empire, — un crime ! que disons-nous ? deux crimes ! Le premier Empire est né, comme le second, d'un coup de force. La journée de Brumaire vaut la nuit de Décembre. Révolutions d'en haut plus exécrables encore que les révolutions d'en bas, etc.

Hélas ! la confusion n'est point permise : une révolution est trop facile à définir et à reconnaître. Nous en avons assez vu pour ne point nous y tromper.

Une révolution, c'est une victoire du désordre sur l'ordre, de la rue sur le pouvoir, de la barricade sur l'armée ; c'est la société troublée, les intérêts alarmés, les faubourgs houleux, les comptoirs déserts, le Trésor vide et le Mont-de-Piété plein. Regardez la France au lendemain de 1792, de 1830, de 1848, de 1870 : vous y trouverez tous ces symptômes de la secousse révolutionnaire.

Voyez-la, au contraire, au lendemain de Décembre, au lendemain de Brumaire : c'est un épanouissement, un essor, un soulagement immédiats, universels ; une sécurité absolue, une prospérité sans limites (1).

C'est que Brumaire et Décembre sont deux victoires de l'ordre sur le désordre, du pouvoir sur la rue, de l'armée sur la barricade ; c'est « la Pyramide replacée sur sa base. »

Voulez-vous savoir la vérité sur ces prétendus crimes ? Négligez ce qu'on en dit à distance, recherchez ce qu'on en pensait sur l'heure, la veille ou le lendemain de leur exécution.

---

(1) Une année après le Coup d'État, M. Schneider, rapporteur de la commission au budget, disait : « Partout la propriété, les capitaux, les bras, les intelligences sont à l'œuvre et redoublent d'activité. Que dire de ce magnifique réveil du commerce et de l'industrie qui frappe tous les yeux ? Il n'y a plus d'ouvriers inoccupés ; ce n'est plus le travail qui manque, ce sont les hommes qui ne suffisent pas ; on n'avait pas osé perfectionner ses procédés, changer ses machines, accroître ses moyens de production, tant qu'on avait vécu sous des institutions politiques qui ne pouvaient garantir la sécurité du lendemain. Quelle transformation s'est opérée à la faveur du gouvernement stable dont l'Empereur a doté le pays ! »

La veille, on les désire, on les réclame, et de tous côtés ! Avant Décembre, c'est M. de Broglie, le parlementaire, qui dit :

Une société dans l'état où est la nôtre, qui n'est plus sûre du lendemain, qui ne peut jamais respirer qu'au fond de sa poitrine, est une société qui attend et qui appelle un sauveur. Elle est prête à se jeter dans les bras du premier qui semblera lui promettre un peu de repos.

Avant, longtemps avant Brumaire, c'est le royaliste Suleau qui, de Coblentz, des rangs de l'armée de Condé, écrit :

Je répète froidement que le dieu tutélaire que j'invoque pour ma patrie, c'est le despote, pourvu qu'il soit d'ailleurs homme de génie. C'est l'altière inflexibilité d'un Richelieu que je réclame ; il ne faut à un pareil homme que de la terre et des bras pour créer un empire. La France ne peut être recomposée en corps de nation qu'après avoir été courbée en silence sous la verge d'airain d'un maître intraitable. Quand j'appelle, à grands cris, le despotisme au secours de ma malheureuse patrie, j'entends l'unité de pouvoir dans la main d'un maître impérieux, d'une capacité féroce, jaloux de domination et réellement absolu. Je veux un usurpateur magnanime, éclairé, qui sache par un superbe et éclatant cromwellisme, faire admirer et redouter un peuple qu'il force à respecter et bénir sa servitude.

Ainsi parle-t-on la veille ! C'est qu'alors on sent la nécessité de la force ; on comprend que, sans elle,

on est perdu et l'on veut se sauver ! Si Décembre et
Brumaire n'avaient dû servir que l'ambition de
deux hommes, ils eussent misérablement échoué ;
s'ils ont réussi, c'est qu'ils étaient l'accomplissement
du vœu manifeste de la nation. Supprimez les Na-
poléons de l'histoire, vous ne ferez point que les
Républiques de 92 et de 48 pussent vivre, ni qu'elles
pussent mourir régulièrement. D'autres, à défaut
d'eux, auraient fait ce qu'ils firent. Le rôle que
remplit le général Bonaparte était d'abord destiné
au général Joubert : on l'avait envoyé en Italie pour
qu'il pût y recueillir la gloire, le prestige nécessaires ; il y mourut. Bonaparte mourant à son tour,
un autre eût pris sa place. Si le prince Louis-Napo-
léon n'eût point mis le général Changarnier et ses
amis au Mont-Valérien, le général Changarnier et
ses amis l'auraient mis à Vincennes. Telle est la
vérité.

Si, la veille, on appelle le sauveur, le lendemain
comme on l'acclame ! *L'Univers*, qui, l'année dernière, se laissait aller, lui aussi, à parler du *crime*
de Décembre, disait, quelque temps après la perpé-
tration de ce crime, qu'il nommait alors *l'acte le
plus anti-révolutionnaire de l'histoire* :

Les personnes mêmes qui voudraient compter pour peu de
chose ces manifestations répétées du suffrage universel doivent avouer que l'expression en fût accompagnée d'un assenti-
ment dont il y a peu d'exemples. Ce n'est pas ainsi que s'éta-
blirent la monarchie de Juillet et la République. Les autorité s

civiles et religieuses, le maire et le curé du village, comme l'évêque et le préfet, les populations des villes comme celles des campagnes, les chefs de l'armée comme les simples soldats, la magistrature, le commerce, tout put parler, tout parla dans le même sens (1). C'est un mauvais subterfuge d'alléguer la ruse et la peur et de prétendre qu'on en peut obtenir de pareils mouvements.

C'est qu'alors on ne sentait que la joie d'avoir échappé au péril imminent... Quand le péril est loin, on redevient stoïque; on déclare fièrement qu'il valait mieux périr que d'être illégalement sauvé. Même, en prenant au sérieux cette tardive indignation, nous pouvons dire qu'elle se trompe d'adresse. La France ne voulait point de cette République qu'une émeute lui avait imposée. Au 10 décembre, par son vote, depuis, par cent autres témoignages, elle avait manifesté le désir de s'en débarrasser. C'était son droit, peut-être ! Les républicains, qui ne lui reconnaissaient pas ce droit, l'avaient si bien enfermée dans leur étrange constitution qu'elle n'en pouvait plus sortir autrement que par la brèche. Les coupables ne sont pas

(1) Voir la publication en 6 vol., de 7 à 800 pages chacun, intitulée : *Recueil des adhésions à l'acte du 2 Décembre*. On y pourra constater avec quel enthousiasme les évêques acclamaient l'auteur du coup d'État : « Ce sauveur... cet instrument de la Providence... cet homme de Dieu, car c'est bien Dieu qui l'a suscité pour le bonheur de notre patrie... Prions pour lui, il a le droit d'exiger de nous ce tribut, pour les éminents services qu'il nous a rendus. » Tout est sur ce ton. Et c'est un *attentat*, c'est un *crime*, que nos évêques eussent approuvé, eussent béni de la sorte?...

ceux qui font les coups d'État, mais ceux qui les rendent nécessaires.

Tout cela était bon à dire jadis, avant le 4 Septembre, pour la jeune génération qui, n'ayant pas connu par elle-même cette époque, en avait appris l'histoire dans des pamphlets. Est-ce bien nécessaire aujourd'hui? Il me semble que le présent illumine ce passé d'une vive lumière. La jeune génération reconnaît maintenant qu'il est des heures douloureuses où le salut du pays doit tout primer. Elle reconnaît que si les députés royalistes, plus prompts que le Prince Président, avaient exécuté leur coup d'État contre lui, ne pouvant rien fonder, ils n'eussent abouti qu'à l'impuissante négation dont ils nous donnent, depuis quatre ans, le spectacle énervant. Elle reconnaît que la fusion, impossible aujourd'hui, l'était bien plus encore en 1850, au lendemain de ce règne qui avait mis aux prises les partisans des deux branches, et que la majorité parlementaire n'aurait alors arraché la France à l'Empire que pour la livrer au radicalisme.

D'autres l'ont dit avant moi, qui ne sont pas suspects! Il y a deux ans, quand l'homme d'État de son choix était encore au pouvoir, M. Hector Pessard eut la franchise d'écrire:

Le symptôme le plus grave est, sans contredit, celui que chacun de nos lecteurs peut, comme nous, constater dans le cercle de ses relations. Il y a, aujourd'hui, une foule de gens qui, après avoir causé de la chose publique, vous disent d'un air découragé : Je n'avais jamais compris comment le coup d'État du 2 Décembre avait pu être accepté par la France, je commence, aujourd'hui, à le comprendre.

Ce qui était vrai, il y a deux ans, a-t-il cessé de l'être ? Pour le savoir, il suffit de se rappeler l'impression produite, à Versailles comme à Paris, par le coup de balai du général Pavia. Il suffit de relire les conseils donnés dans un journal, qui se pique d'être légitimiste, par un écrivain qui a la prétention d'être particulièrement conservateur et qui ne nomme jamais les bonapartistes que *les hommes de Décembre.* « Si l'Assemblée va d'un côté et le Maréchal d'un autre, disait M. Saint-Genest (je ne garantis pas le texte, mais le sens de la citation), l'armée suivra le Maréchal et quiconque suivrait l'Assemblée serait un factieux. » Notez que celui qu'on invite de la sorte à se mettre au dessus de l'Assemblée ne tient ses pouvoirs que d'elle seule. Nous savons parfaitement que le Maréchal n'accueillera point de tels conseils, et que, si un conflit s'élevait entre la Chambre et lui, il ne le trancherait pas violemment. Mais si au lieu d'avoir soixante-cinq ans il en avait quarante ? Si au lieu de descendre d'une souche patricienne, il était de race impériale ? Si au lieu d'avoir toujours à sa disposition la res-

source d'un appel au peuple, il voyait toute issue
légale fermée devant lui? Si au lieu d'avoir reçu
son mandat d'une majorité parlementaire, il en
avait été directement investi par cinq millions de
suffrages, — croyez-vous qu'il pourrait décliner aussi
facilement cette tâche suprême? Croyez-vous qu'il
pourrait fermer l'oreille à la voix du pays lui criant :
« Sauve-moi! sauve-moi! » Ceux qui l'entourent,
et pour qui l'acte de Décembre est un « exécrable
forfait, » l'engageraient, soyez-en sûrs, en se voilant
la face, à céder au vœu du pays. Le *Français* saurait trouver quelqu'une de ces pieuses subtilités, où
il excelle, pour établir qu'il y a coup d'État et coup
d'État, et approuver l'un tout en continuant de flétrir l'autre. M. de Broglie expliquerait mélancoliquement aux collégiens d'Évreux que le salut
public exige parfois de douloureux sacrifices. Avec
quel entrain M. d'Audiffret-Pasquier jouerait les
Morny et M. Léon Renault, les Maupas! Peut-être
l'un et l'autre auraient-ils seulement la main moins
légère que leurs modèles!

— Calomnie, dira-t-on?... Je demanderai alors
dans quel but ces Messieurs et leurs amis poussaient
le duc d'Aumale à la présidence, même à la vice-
présidence de la République? Si on l'explique con-
grûment, je présenterai de très-humbles excuses au
Français, à M. Léon Renault, à M. d'Audiffret-
Pasquier et à M. de Broglie.

Le nom de ce dernier me rappelle un souvenir qui

trouve ici sa place. Dans le discours qu'il prononça, en entrant à l'Académie, le duc de Broglie, son père, parla du 18 Brumaire, des circonstances dans lesquelles il s'était accompli, des résultats qu'il avait produits, non en homme de parti, mais en historien. Quand il alla, selon l'usage, porter ce discours aux Tuileries, l'Empereur l'en félicita et lui dit : « Je suis convaincu, monsieur le duc, que votre petit-fils pensera du 2 Décembre ce que vous pensez du 18 Brumaire. »

Je n'ai point l'honneur de connaître M. le prince Victor de Broglie. Je sais seulement qu'il avait âge d'homme au 4 Septembre et que depuis il a traversé les affaires : cela me suffit pour être assuré que la prédiction de l'Empereur est déjà réalisée !

———

II

LE CÉSARISME

Né de la force, l'Empire n'a vécu que par la force, par la force brutale. Maintenir l'ordre matériel fut sa seule ambition. L'Empire c'était le césarisme.

Le césarisme! mot précieux pour équilibrer une antithèse, caler une période et boucler une péroraison : « L'anarchie ou le césarisme !... Le césarisme ou l'anarchie !... » L'applaudissement est infaillible. Sur dix orateurs qui lancent ce mot sonore, sur cent badauds qui l'acclament, y en a-t-il deux qui en comprennent bien le sens et puissent le définir? J'en doute. C'est précisément son avantage.

Il y a dans l'œuvre de Daumier une caricature de 1846, représentant un candidat libéral en train de travailler un électeur en sabots : « Mais, mon cher, lui dit-il, vous ne savez donc pas ce qu'est mon concurrent? c'est un pritchardiste. — Ah! c'est un... Comment avez-vous dit ? — Un prit-chardiste! — Dame, si c'est un..., comme vous dites, bien sûr que je ne voterai pas pour lui! » Le brave fermier entendait parler du pritchardisme pour la première fois, il ne savait pas ce que c'était, mais ce devrait être affreux!... Il en est de même du césarisme. On le condamne, on le flétrit de confiance.

Si les orateurs qui prisent cette locution en comprenaient mieux la valeur, ou s'ils comptaient moins sur l'ignorance du public, ils en useraient plus sobrement.

Qu'est-ce, en effet, que le césarisme? C'est le principat militaire. C'est, non le chef de l'État à la tête de l'armée, comme sous l'Empire, mais le chef de l'armée à la tête de l'État, comme aujourd'hui.

Ne dites plus de mal du césarisme, Messieurs les parlementaires, car, depuis le 24 Mai, nous le possédons, grâce à vous, dans toute sa pureté. Nous ne nous en trouvons pas mal et vous vous en trouvez fort bien. Nous acceptons qu'il dure sept ans; vous voudriez qu'il durât toujours.

Vous méprisiez fort le *sabre* autrefois. Le sabre s'appelle, aujourd'hui *l'Épée, l'illustre Épée*, — et vous en avez plein la bouche !

Vous reprochiez à l'Empire de favoriser l'armée, de s'appuyer sur l'armée.

Sur l'armée, considérée par elle comme le rempart de l'établissement impérial, non comme le rempart de la patrie, l'opposition dirigea, pendant dix-huit ans, son principal effort, sous prétexte d'économie, réduisant l'effectif, sous prétexte de liberté, ruinant la discipline. Faut-il rappeler la triste attitude des républicains, des royalistes, même des membres du tiers-parti, entraînés par l'exemple, devant le projet militaire élaboré par l'Empereur et dont l'adoption nous eut sauvés ? Faut-il rappeler le désespoir du maréchal Niel ne pouvant obtenir même ce qu'il avait présenté comme le *minimum* des garanties nécessaires à la défense nationale et se voyant arracher jusqu'à un misérable crédit de *cent mille francs*, sans lequel il affirmait ne pouvoir atteler ses canons ?

La loi militaire, votée par le Corps législatif, ne ressemblait guère à celle qu'avait conçue l'Empereur. L'opposition la trouvait cependant exorbitante. Elle ne cessa de l'attaquer, de soulever l'opinion contre elle, tâche, hélas ! trop facile.

Aux élections de 1869, c'était le principal argument de ces candidats à qui tous les moyens sont bons, pourvu qu'ils soient efficaces. Je ne parle point seulement des Ferry, des Favre ou des Simon, mais des candidats de la droite et du centre droit qui se proclamaient les véritables, les seuls conservateurs. Tous disaient alors aux électeurs, comme M. le duc Decazes :

Deux partis sont en présence... : celui de la loi militaire et des budgets en déficit. Demandez-lui compte... des lourds contingents qui épuisent l'agriculture et de cette paix armée qui ruine l'Europe et qui nous ruine avec elle.

L'autre parti demande le désarmement, moins de casernes et plus d'écoles... Réduction de l'armée, réforme de la dernière loi militaire écrasante pour les campagnes..., etc.

Ou comme M. le duc d'Audiffret-Pasquier qui rêve aujourd'hui la gloire des Louvois et des Gouvion Saint-Cyr :

Je demanderai la réduction des contingents qui enlèvent, chaque année, des bras à l'agriculture et des ouvriers à l'industrie.

On ne se bornait pas à demander la réduction du contingent, on demandait, on finissait par obtenir la suppression des grands commandements régionaux, où l'on affectait de ne voir qu'un instrument politique.

L'Algérie elle-même, ce vaste camp, ne trouvait

pas grâce aux yeux de l'opposition. L'Empereur y sacrifiait, disait-on, le colon à l'indigène, dans le seul but d'y maintenir la suprématie militaire. On voulait un gouverneur civil.

Pour les services de guerre on n'a point de considération. L'Empereur propose une récompense nationale pour le héros de la merveilleuse expédition de Chine : on soulève tellement l'opinion contre ce projet qu'il faut le retirer. Le soldat n'est pas mieux traité que ses chefs. Le maréchal Niel demande que certains emplois civils soient réservés aux anciens militaires. Tous les organes de l'opposition', le *Journal de Paris* notamment, critiquent cette proposition.

A droite, on méprise le soldat, on l'appelle *prétorien*. A gauche, on l'insulte, on le nomme *assassin*, *bourreau*, on excite contre lui la colère du peuple ; et quand, assailli, il veut se défendre, on enregistre avec indignation *les gaietés du sabre*.

Et dans les châteaux que doit souiller le Prussien on raille *Dumanet*, et dans les salons que doit piller la Commune on chansonne *Pandore*.

Tout cela est bien loin de nous ! On a moins de confiance, aujourd'hui, dans la force morale, moins de mépris pour la force brutale. Versailles est protégé par une véritable armée : « J'ai cent mille hommes sous la main », disait fièrement M. Thiers aux grévistes du Pas-de-Calais. L'état de siége, ce régime exceptionnel, destiné par la loi qui l'institue à réprimer uniquement le trouble matériel, à écraser la guerre civile assimilée à la guerre étrangère, l'état de siége est devenu le statut permanent du pays. Les journaux sont supprimés par des généraux, des colonels, même par des commandants de gendarmerie (1).

Le président de la République est M. le maréchal de Mac-Mahon; le président du conseil, M. le général de Cissey; le ministre de l'intérieur, M. le général de Chabaud-Latour... (Quand le général Espinasse fut nommé à ce dernier poste, — vous rappelez-vous quel tapage!) M. le général Bourbaki règne à Lyon, M. le général Espivent à Marseille. Paris a, depuis quatre ans, un gouverneur militaire !

Chacun, aujourd'hui, flatte et caresse à l'envi l'armée. Des conscrits ? elle aura la génération tout entière ! Des emplois civils ? qu'elle les prenne tous ! Des millicns ? autant qu'elle en voudra ! On ne compte plus avec elle.

Six grands commandements semblaient ruineux ; il y en a dix-huit.

On rognait cent mille francs au chapitre des chevaux d'artillerie ; M. Bocher dit aujourd'hui :

____

(1) Le fait s'est produit cette année dans les Vosges.

Quoi! vous refuseriez au gouvernement 1,700,000 francs par an pour augmenter la remonte de votre cavalerie et de votre artillerie? Non, c'est impossible !

Et l'Assemblée lui donne raison.

On refusait une pension au général de Palikao; on applaudit M. Raudot, disant : « Je donnerais volontiers des centaines de mille francs aux généraux qui remporteraient des victoires. »

L'Algérie a, comme autrefois, un gouverneur militaire. Quand nos députés s'occupent de l'organiser, ils reconnaissent que l'Empereur l'avait mieux compris qu'aucun autre, et M. Clapier, M. Humbert, M. Warnier, les orateurs de tous les partis invoquent à l'envi son autorité.

On ne raille plus Dumanet : on propose de placer son image sur la colonne Vendôme.

On ne chansonne plus Pandore : quand il passe aux revues de Longchamps, cent mille voix l'acclament; les honneurs de la journée sont pour lui. Ah! Pandore! ah! Dumanet! qui vous eût dit cela il y a dix ans?

L'Empire ne s'appuyait pas seulement sur l'armée; il s'appuyait sur la police. La préfecture de police, cette sentine, ce laboratoire de complots, cette officine de manifestations séditieuses, ce vestiaire de blouses blanches, cet arsenal de casse-têtes, était devenue la direction générale de la sûreté publique; et, sous ce nom, par l'œil des commissaires cantonaux, elle voyait tout, fouillait tout, exerçait jusqu'au fond du moindre hameau son ignoble contrôle. Aussi le budget de l'intérieur montait-il, quand M. Thiers entra au Corps législatif, à la somme « exorbitante, » de 52 millions.

Les commissaires cantonaux furent pour la plupart supprimés, il est vrai; la police municipale fut replacée sous l'autorité du maire: réforme insuffisante! Il ne fallait plus de police.

Les gens du 4 Septembre arrivent au pouvoir avec ce programme. Ils commencent à l'exécuter: on licencie les sergents de ville; on promet de supprimer la préfecture de police, déshonorée par des crimes qu'on ne tardera point à révéler.

La révélation pourtant se fait attendre. On a tous les dossiers, tous les témoins sous la main; on cherche, on cherche avec fureur... Aucune trace des crimes, rien, rien !... S'il n'y a point de traces, c'est qu'on les a effacées; s'il n'y a rien, c'est que tout a disparu: quelle preuve écrasante! M. de Kératry trouva ce bel argument.

Cependant la préfecture de police n'est point supprimée. Elle fonctionne au contraire plus vigoureusement que jamais. Sous M. Thiers on y voit un général. Chaque jour son personnel, ses attributions, son budget se sont accrus. Elle a repris la direction générale de la sûreté publique. Les sergents de ville sont plus nombreux qu'avant le 4 Septembre(1); ils ne portent plus il est vrai l'abominable casse-tête : ils portent un revolver. La police municipale n'appartient plus aux maires. Les commissaires cantonaux sont partout rétablis; mais c'est l'État seul qui les paye. La police de Lyon coûtait sous l'Empire 500,000 francs ; elle en coûte aujourd'hui 1,200,000. La police de Paris coûtait 14 millions; elle en coûte 20. La *Garde de Paris* coûtait 4,500,000 fr. La *Garde républicaine*, plus nombreuse, en coûte 6.

M. Thiers trouvait scandaleux que le budget de l'intérieur s'élevât à 52 millions; il le fit monter lui-même à 85 millions (2). Il est aujourd'hui de 82,265,835 fr. Il y a tant de complots bonapartistes

(1) « M. Léon Renault, préfet de police, vient de faire le dénombrement exact des commissaires de police et gardiens de la paix. Ces divers services, tant pour les vingt arrondissements que pour les brigades centrales, comprennent au-delà de 8,000 hommes, qui, on le sait, sont actuellement armés et enrégimentés comme de véritables troupiers. Sous l'Empire, il n'y avait guère que 4,000 sergents de ville et ils n'étaient armés que de casse-tête. Mais comme les républicains criaient alors contre ce développement de forces ! » (*Le Soir*.)

(2) On trouve cette observation dans un discours prononcé, en 1871, par M. Anisson-Duperron, qui ajoutait, avec infiniment de raison : « Cette augmentation s'explique difficilement si l'on songe que, dans l'intervalle de ces deux dates, nous avons perdu deux riches provinces et nous avons emprunté, à un taux d'environ 6 0/0, 8 milliards 250 millions. »

à déjouer, tant de photographies séditieuses à surveiller !

Si représenter au pouvoir la force militaire, s'appuyer sur l'armée, la gendarmerie et la police, placer avant toute chose le maintien de l'ordre matériel, si tout cela constitue le césarisme, il serait prudent, encore une fois, de ne point faire de ce mot une injure, car, dirigée contre le passé, c'est le présent surtout que l'injure atteindrait.

I I I

LE GOUVERNEMENT PERSONNEL

L'Empire soutenu par sa police, sa gendarmerie, son armée « ne régnait que sur des corps, » selon la belle expression de M. Saint-Marc Girardin : les âmes lui échappaient; elles s'en allaient, d'un coup d'aile, aspirer l'air pur de la liberté, soit à Londres, avec M. de Montalembert; soit à La Haye, avec M. Jules Simon; soit à Berlin, avec M. Garnier-Pagès (1).

La France était inhabitable, en effet! Plus de rassemblements dans la rue, plus de rixes au

(1) Dernièrement, rentrant chez moi, je trouve sur ma table les cartes cornées de MM. Garnier-Pagès et Ernest Desmarest, dont je venais d'apprendre la présence à Berlin. Je les rejoins à leur hôtel, où je les trouve ravis de l'état de l'Allemagne, aspirant avec délices cet air de liberté dont l'Empire a sevré la patrie, reconnaissant de la cordiale réception qu'ils rencontrent et tout émus encore du grand succès qu'ils venaient d'obtenir la veille dans la séance du *National-Verein*, où M. Garnier-Pagès avait pu porter à haute et intelligible voix un toast à la fraternité et à la liberté des peuples. (W. RAYMOND, *Les Prussiens*).

club, plus de tempêtes à l'Assemblée, point de ministères à renverser, point de questions de cabinet à poser : que pouvaient devenir nos virtuoses politiques? Ah! la journée leur semblait longue! Le pays était heureux; mais ces messieurs s'ennuyaient! Le commerce florissait, l'industrie progressait, la misère diminuait, la science faisait chaque jour de nouvelles découvertes, les prisons étaient moins remplies, les écoles l'étaient davantage... Mais ces messieurs s'ennuyaient! Et de leur ennui, gage du bonheur public, ils faisaient un crime à l'Empereur. L'orage leur était une hygiène, un passe-temps nécessaires : ils sommaient l'Empire de le leur rendre. Je n'invente rien. Dans un procès fameux, M. Dufaure le disait carrément : « Navigateurs engourdis, nous mourons d'ennui dans le marasme et le calme plat. » Et, se souvenant de ce mot, M. Picard, plusieurs années après, s'écriait, à son tour, avec indignation : « Le pays est plongé dans un calme effrayant. »

Hélas! pauvre pays, je crois que le calme, fût-il plat, te semblerait aujourd'hui moins effrayant, moins criminel; et que si ces habiles navigateurs, qui, après tant de bordées, n'ont su que te mettre en panne, venaient à s'engourdir encore... tu ne ferais plus rien pour les réveiller!

Mais à quel prix l'Empire nous donnait-il le calme dont ses partisans sont si fiers? Au prix de notre liberté, au prix de notre dignité. Nous avions abdiqué entre les mains d'un maître. Le chef de l'État ne se contentait pas de *régner*; il avait l'étrange prétention de *gouverner* lui-même. Point d'institutions! Tout reposait sur la tête d'un homme; l'Empire, en un mot, c'était le pouvoir personnel, c'est-à-dire le despotisme.

Pardon! ne confondons point le despotisme avec le pouvoir personnel; il y a entre les deux une nuance, une nuance sensible.

Le despotisme, c'est-à-dire le caprice, la fantaisie d'un seul se substituant à l'intérêt, à la volonté de tous, nous n'avons point à le craindre. Un tel régime ne pourrait désormais durer, ni même s'installer. Le seul despote de nos jours, c'est l'opinion. L'opinion s'impose aux rois, aux empereurs, comme aux Chambres souveraines; sous leur nom, elle règne et gouverne; elle règne et gouverne même plus sûrement par la main d'un seul que par la main irresponsable d'une assemblée. Le despotisme n'est plus qu'une expression historique.

Le pouvoir personnel, au contraire, est une réalité, même une nécessité. Les traditions de la France l'y ont habituée; son tempérament l'exige. Il faut

ser, même sous les régimes qui semblaient devoir
l'exclure, même sous la monarchie parlementaire (1),
même sous la République ! La République, ce gou-
le croire, du moins ; car jamais elle ne put s'en pas-
vernement qui devrait être anonyme, est obligée,
pour se maintenir, de s'incarner dans un homme.
En 1848, c'est Lamartine, — Cavaignac, — Louis-
Napoléon.

En 1870, c'est d'abord M. Gambetta, qui supprime
la Chambre, qui supprime les conseils généraux, qui
supprime jusqu'à ses collègues, et, sans frein, sans
contrôle, dispose, à son gré, de l'or, du sang, des
destinées de la France.

Puis, c'est M. Thiers, le vieux champion de la responsabilité ministérielle ; M. Thiers, l'inventeur de
la formule : « *Le roi règne et ne gouverne pas ;* »
M. Thiers, qui réduisait le rôle du souverain à donner des bals et à passer des revues : au pouvoir, il
sera plus absolu que M. Gambetta lui-même.

Il y trouve pourtant des entraves que n'avait pas
connues celui-ci ; mais elles ne le gênent guère !

Les ministres ? Il vide, chaque matin, leurs porte-
feuilles sur son bureau, traite les affaires, grandes ou
petites, avec leurs directeurs, leurs secrétaires, leurs
chefs de bureaux, nomme leurs employés les plus
subalternes, correspond avec leurs agents et ne daigne

______

(1) M. Prévost-Paradol, le dernier des doctrinaires, n'hésita point à signa-
ler lui-même cet abus, sous le gouvernement de Juillet ; il voit la cause
principale et presque légitime du 24 Février.

pas seulement les instruire de ce qu'il a fait en leur nom.

L'Assemblée? Il l'humilie, la raille et l'insulte. Tantôt par la prière, tantôt par la menace, il la plie à ses moindres caprices. Il veut l'impôt sur les matières premières, et le veut seul; l'Assemblée toute entière le réprouve. M. Thiers tient bon; l'Assemblée cède.— Elle le devait! dit un journal officieux. L'impôt sur les matières premières ruinera l'industrie; mais M. Thiers y tient : on ne pouvait le lui refuser. Vous croyez que j'exagère?... Je vais citer : « Tout le monde sait bien, dans l'Assemblée, que cet impôt est mauvais, très-mauvais; » ces taxes sont « injustes; » ces droits sont « odieux; » la loi est « pleine de monstruosités. » Qu'importe? « Nous pouvons bien, en reconnaissance des éminents services qu'a rendus M. Thiers, lui permettre d'appliquer, un moment, ses théories économiques. Le vote d'hier est, en quelque sorte, la récompense nationale de ses fatigues et de ses peines (1). »

Ah! si le *Constitutionnel*, en 1860, s'était avisé de justifier de cette façon la réforme libre-échangiste; s'il avait demandé qu'on sacrifiât la fortune industrielle de la France pour faire plaisir à l'Empereur! quelle indignation! quelle légitime indignation!

L'Assemblée finit cependant par trouver le joug

(1) Le *Soir*, 22 juillet 1872.

de M. Thiers trop pesant. Elle lui rappela sa fameuse formule, le pria de gouverner, surtout d'administrer un peu moins, et de laisser fonctionner cette responsabilité ministérielle pour laquelle il avait rompu tant de lances... Oui, M. Thiers étant chef de l'Etat, il fallut réclamer la responsabilité ministérielle comme une « concession » ; — et cette concession fut refusée !... M. Thiers déclara que la responsabilité ministérielle était une « puérilité », une « chinoiserie » ; que sa formule était faite pour les princes, non pour « *un petit bourgeois ayant conquis le pouvoir à la sueur de son front* », c'est-à-dire, en renversant trois trônes qui l'empêchaient d'y atteindre ; qu'il ne voulait point endosser « *la camisole de force* » ; qu'il ne voulait point « *jouer le rôle d'un mannequin* » ; qu'il ne voulait point « PARTAGER *le pouvoir* ».

La responsabilité ministérielle, — c'était l'échelle dont M. Thiers s'était servi pour monter à l'assaut de tous les gouvernements. Maître de la place à son tour, il donnait un coup de pied dans l'échelle, et disait tranquillement : « Le roi ne doit pas régner, — excepté quand je suis le roi ! » Notre siècle a connu bien des palinodies ; aucune n'avait atteint ces proportions épiques.

Les journaux de la présidence poussaient leur patron à la résistance et raillaient l'étrange prétention des *parlementaires* (*parlementaire* était devenu, pour le *Journal des Débats*, synonyme d'intrigant).

« M. Thiers, disait l'*Événement*, ne doit pas céder aux efforts de la majorité, qui n'a d'autre but que de s'emparer du gouvernement. » Que pensez-vous de cette *majorité* qui, sous le règne de M. Thiers, prétend *s'emparer* du gouvernement ? L'insolente !... « Mais alors, ajoutait le *Bien public*, c'est un gouvernement personnel au premier chef, diront les parlementaires ?... Eh ! sans doute, les Français n'en admettent pas d'autre ! »

L'Assemblée, poussée à bout, se fâche. M. Thiers est brisé. Les parlementaires prennent le pouvoir : nous allons les voir à l'œuvre ! Jamais ils n'eurent pareille occasion d'appliquer leur système « dans toute sa beauté ». Rien ne les gêne; ils sont les maîtres. Ils peuvent constituer le pouvoir exécutif à leur guise; l'effacer, le réduire, l'annihiler, autant que l'exige la doctrine. Ils ont choisi, pour le placer à leur tête, un homme que sa modestie, ses mœurs, son patriotisme même ont toujours éloigné de la politique, qui n'a nul goût pour elle, et dont ils n'auront point, par conséquent, à redouter l'ingérence. Le maréchal de Mac-Mahon semblait offrir le type idéal du souverain constitutionnel, et le duc de Broglie, son premier ministre, le type idéal du chef de cabinet parlementaire : le premier destiné à la représentation extérieure, le second à l'exercice effectif du pouvoir. L'expérience du système allait donc se faire dans des conditions exceptionnellement favorables.

On sait à quel résultat elle aboutit promptement :

la personnalité du chef de l'État prit une importance qu'elle n'avait pas eue depuis le Consulat. On se plaignait, jadis, que le système impérial reposât tout entier sur la tête d'un homme ? Ce qui n'était alors qu'une façon de parler est devenu la réalité constitutionnelle : avec le maréchal de Mac-Mahon commence et finit le régime *sui generis* sous lequel nous vivons.

Cette situation, que le vote du Septennat personnel avait faite, la conduite de M. de Broglie et des ministres, sortis comme lui de l'école parlementaire, l'accentua chaque jour davantage. Ils devaient couvrir le président : à toute occasion, ils s'effacèrent derrière lui ; ils devaient seuls occuper la scène, afin de s'exposer seuls aux coups des partis ; à tout moment ils l'y poussèrent devant eux.

Une loi semblait-elle en péril? On le priait de faire un message; une élection compromise? un voyage. Il y eut des candidats « mac-mahoniens »; et quiconque ne se déclara pas exclusivement « mac-mahonien », quiconque osa jeter les yeux au-delà du Septennat fut réputé factieux.

Plus le maréchal s'affirme, se produit, parle, agit, plus les parlementaires sont heureux et s'estiment habiles. L'Assemblée seule, par son insoumission, trouble leur joie; ils n'ont plus qu'une préoccupation : c'est d'allonger, de multiplier ses vacances. Ah ! si les vacances pouvaient durer toujours, — rien ne manquerait à leur bonheur.

Et le public, il faut bien le dire, n'en serait pas moins heureux! M. de Broglie, dans un de ses derniers discours, le confessait tristement :

Quand le régime révolutionnaire a duré longtemps, on voit naître dans les populations une fatigue, un dégoût, un ennui des formes, des institutions, des procédures parlementaires, du gouvernement libre, on voit naître une fatigue des lois et des institutions, un besoin de sentir l'autorité et de la personnifier dans un homme, dans un homme dont on puisse saisir le regard, entendre la voix et exécuter le commandement... Eh bien, Messieurs, est-ce que vous ne sentez pas quelque chose de cela autour de vous dans notre pays fatigué de révolutions ? Est-ce qu'il n'y a pas dans l'air comme un vent de dictature qui passe?

Ce n'est pas seulement l'agitation révolutionnaire, c'est l'impuissance parlementaire elle-même qui fait souffler ce vent de dictature.

Jamais le Français n'eut pour le gouvernement de la tribune, qu'il appelle volontiers le *gouvernement des avocats*, un goût bien prononcé. Quand il en a perdu le souvenir, il s'y laisse ramener ; dès qu'il l'a vu à l'œuvre, il s'en dégoûte.

Ces longues séances employées à régler un ordre du jour, à nommer ou à ne pas nommer un questeur; ces interpellations sans intérêt, ces enquêtes sans résultat; ces commissions qui ne produisent rien, que des sous-commissions stériles comme elles-mêmes; ces groupes qui se divisent et se subdivisent, s'approchent, s'éloignent, se rapprochent du pouvoir selon qu'on leur accorde telle ou telle réforme? non, tel ou tel portefeuille; ces ministres qu'il faut nommer pour acheter quinze voix et que rien n'a préparés à leurs éminentes fonctions; ces grands-maîtres de l'Université, qui n'ont jamais vu le Collége de France; ces ministres du commerce avouant avec candeur que les questions commerciales leur sont absolument étrangères; — tout cela l'énerve, l'écœure et l'irrite.

Avec ce bon sens, qui malgré tout est le fond de sa nature, il fait un retour sur lui-même et se dit : « Si je menais mes affaires comme on mène celles de l'État, je serais depuis longtemps ruiné; si une société industrielle était organisée comme l'est notre grande société politique; si l'assemblée générale de ses actionnaires siégeait en permanence, si ses directeurs, ses chefs de service devaient y être recrutés, s'ils devaient venir chaque jour passer quatre heures devant elle à défendre leur place je n'y mettrais certes pas mes fonds, — ni M. Decazes les siens! »

Puis il songe au temps où l'on parlait moins, où l'on agissait davantage; de là à regretter ce temps, il n'y a qu'un pas; et du regret à l'espoir, il y a encore moins loin!

IV

LA PRESSE

L'Empire avait supprimé toutes les libertés, même
les libertés nécessaires, et d'abord la plus nécessaire
de toutes, la liberté d'écrire.

Dans les dernières années, il est vrai, cédant aux
exigences de l'opinion il avait abrogé la législation
de 1852 et rendu à la presse une liberté qui mena-
çait de dégénérer en licence. Mais jusque-là, jusqu'en 1868, quelles chaînes! quelles entraves!

Énumérons-les :

1° Traitant le journalisme, ce sacerdoce, comme
une matière administrative, et les écrivains comme
des subordonnés, le gouvernement avait créé au
ministère de l'intérieur une direction de la presse.

2° Quand le ministre estimait qu'un journal avait
« dépassé le droit de discussion, » il lui donnait un

avertissement, il pouvait le suspendre ou le supprimer.

3° Outre ces avertissements officiels et publics, il adressait parfois des recommandations officieuses aux journaux par la bouche d'un employé de son ministère, baptisé par Berryer d'un surnom qui resta : le *Monsieur en habit noir*.

4° Il leur infligeait des rectifications connues sous le nom de *Communiqués*.

5° Le gouvernement, sans suspendre, ni supprimer un journal, pouvait lui retirer le droit de vente sur la voie publique.

6° Assimilant les journaux étrangers aux journaux français, il leur interdisait la frontière, quand leurs articles avaient le malheur de lui déplaire.

7° Faisant une concurrence déloyale à l'industrie privée, il publiait une édition populaire du *Moniteur* et lui accordait les priviléges réservés à l'organe officiel.

8° Le contrôle administratif s'exerçait même sur les brochures, qui ne pouvaient être colportées qu'avec l'agrément d'une commission supérieure, dont la composition offrait, il est vrai, quelques garanties.

9° Il s'étendait jusqu'aux pièces de théâtre, soumises au visa d'un comité de censure.

10° Il s'étendait jusqu'aux images; le crayon n'était pas plus libre que la plume.

Avec quelle ardeur, quel acharnement chacune de

ces dispositions fut quotidiennement attaquée, de 1852 à 1868, non-seulement par les orateurs et les écrivains de la gauche, mais aussi, mais surtout, par ceux de la droite et du centre droit, — on ne l'a pas oublié! Je ne rappellerai rien de ces revendications passionnées : il faudrait citer des volumes. Avec tous les articles écrits, tous les discours prononcés sous l'Empire en faveur de la liberté de la presse on meublerait une bibliothèque.

Depuis que les auteurs de ces articles et de ces discours se sont succédé au pouvoir, toutes les réformes qu'ils réclamaient sont-elles réalisées? Toutes les entraves dont ils se plaignaient sont-elles tombées?

— Non.

— Une partie du moins?

— Non...

— Quoi!... Rien n'a été abrogé, rien, rien?

— Ah! si l'on s'était contenté de ne rien abroger? Mais, en conservant tout, on a tout aggravé. Examinez les divers points que j'énumérais tout à l'heure : sur tous vous trouverez l'administration parlementaire plus rigoureuse, plus arbitraire que l'administration impériale...

On en doute? On ne peut croire que ces libéraux si contents d'eux, si sévères pour autrui, se soient à ce point parjurés? Je le prouve.

1° La direction de la presse est reconstituée. C'est elle qui donne, — je me trompe, — c'est elle qui refuse les autorisations. Jadis, il était difficile de fonder un journal; ce n'était point impossible : l'*Avenir national*, le *Temps*, la *Liberté*, le *Monde*, l'*Opinion nationale*, le *Journal de Paris* sont encore là pour le prouver (1). Aujourd'hui, il n'y faut point songer. Il n'a pas été, depuis deux ans, accordé une seule autorisation; à ceux qui osent s'en plaindre, on répond simplement : « C'est une mesure générale. »

2° La juridiction administrative est remplacée par la juridiction militaire. Plus de ministre, plus de directeur devant qui l'on puisse plaider sa cause. On n'avertit plus; on suspend, on supprime : la mort sans phrases. Aussi quelle hécatombe! Je n'ai pas sous la main les éléments d'une statistique précise, mais je puis affirmer qu'en dix-huit mois les ministres parlementaires ont suspendu ou supprimé beaucoup plus de journaux que les ministres de l'Empereur en dix-huit ans.

---

(1) Je ne parle pas des journaux disparus, l'*Époque*, le *Courrier du Dimanche*, le *Courrier de Paris*, etc., ni des journaux de province.

. 3° Le *Monsieur en habit noir* existe, j'ai eu l'honneur de le voir dans le cabinet d'un de mes amis. On assure seulement qu'il apporte aujourd'hui dans ses communications plus de roideur, moins d'urbanité que quand il se présentait au nom de M. de La Guéronnière.

4° L'administration n'a pas abandonné le droit d'interdire la vente de telle ou telle feuille sur la voie publique; tant s'en faut. Elle en use avec excès!... Elle frappe d'un coup, pour une seule correspondance, dix journaux impérialistes. Quel crime a donc commis l'auteur de cette correspondance? Il a, — dit l'arrêté,— attaqué le gouvernement établi. « Ces attaques prennent un caractère de dénigrement et d'animosité intolérable à l'égard du maréchal de Mac-Mahon, notamment dans le passage suivant : « *Ce voyage s'effectue dans des conditions médiocres. Les populations qu'il surprend ne s'en émeuvent guère, et, si elles sont bien aises de voir un maréchal parmi elles, elles se demandent ce qu'il vient y faire.* » Ledit article concluant ainsi : « *De là, la pâleur et l'inutilité du voyage présidentiel.* »

Et qui a signé, s'il vous plaît, cet arrêté, scrupuleusement copié par neuf autres préfets? M. Pascal, l'ancien rédacteur en chef du *Progrès libéral,*

M. Pascal qui, sous l'Empire, personnifiait, en province, la cause de la liberté de la presse incomprise et persécutée.

Ah! qu'aurait-on dit si M. Jolibois, si M. Levert, si M. de Bonville, si dix préfets « à poigne » avaient frappé à la fois dix journaux — coupables d'avoir signalé la *pâleur* et l'*inutilité* d'un voyage de l'Empereur!...

Ce n'est pas tout. On ne se contente point de chasser le journal de la voie publique, on veut même l'atteindre chez le libraire où, tous les gouvernements lui avaient reconnu le droit de refuge. M. Depeyre prépara, dans ce seul but, une loi sur la librairie. En attendant cette loi, on y supplée par le bon plaisir : Certains journaux, comme la *Dépêche*, de Marseille, se virent retirer le droit de vente sur la voie publique, — et même ailleurs. A d'autres, on interdit d'annoncer où ils se vendent. Leur laisse-t-on, du moins, le droit de se faire porter à domicile? On prétendait le leur enlever. La Cour de cassation a déclaré cette prétention excessive; ce qui n'empêcha pas certains sous-préfets de maintenir l'interdiction dont la Cour suprême venait de dénoncer le caractère illégal.

La période électorale n'est plus considérée comme une trêve. Loin de suspendre les rigueurs de l'administration contre la presse, elle les détermine parfois. Une élection doit avoir lieu dans le département de Seine-et-Oise. Le parti impérialiste et le parti républicain comptent se disputer la victoire. Chacun d'eux a un journal : les deux journaux sont suspendus à la fois. Plusieurs mois se passent. On parle de convoquer les électeurs. On prie le ministre de lever son interdit. Le ministre répond : « Je suis loin d'être hostile à la liberté de la presse ; la mesure en question a été prise par un de mes prédécesseurs ; peut-être ne l'aurais-je pas prise moi-même. *Mais à la veille d'élections qui vont agiter le pays ; il serait très-délicat de revenir sur ce qu'ont décidé mes prédécesseurs.* »

Ah ! si M. de Persigny avait supprimé, dans un même département, à l'ouverture de la période électorale, un journal légitimiste et un journal républicain, — quels cris ! S'il s'était justifié comme vient de le faire M. le général de Chabaud-Latour, — quels rires !

6° Le *Communiqué* est rétabli. Certains journaux, faveur inattendue, s'en réjouissent (1). Seulement

____

(1) « Qu'est-ce en définitive que le communiqué ? C'est le droit de réponse exercé par le gouvernement, parlant, bien entendu, de ce qui le concerne.

« Il est naturel que le gouvernement réponde dans le journal même qui a publié des appréciations ou des critiques auxquelles il croit devoir répondre. Loin de se plaindre de voir le gouvernement tenir assez compte de ses critiques pour les discuter, la presse devrait au contraire l'en féliciter. Quant

il a pris un ton rogue, agressif, qu'il n'avait pas autrefois : Il parle de la « *dignité de la presse* » méconnue. Il menace. Il prétend, par exemple, que dire « quiconque n'est pas pour la République est pour l'Empire » c'est dépasser « *le droit de discussion* » et s'exposer aux foudres administratives. Enfin, comme on l'a fait justement observer, le *Communiqué* est devenu une sorte d'avertissement honteux.

7° Les journaux étrangers sont toujours visités à la frontière. Mais, « ils ne sont distribués à Paris qu'entre midi et une heure (1), au lieu de l'être à huit heures du matin, comme autrefois. » C'est un journal officieux, la *Presse*, qui nous l'apprend. Nous avons en outre, pour la pensée, des frontières intérieures, une douane départementale. Chacun de nos préfets s'arroge le droit d'établir un cordon sanitaire autour du siége de son administration et d'en proscrire les journaux qui lui déplaisent. Comme notre personnel administratif n'est pas précisément homogène, comme nos préfets ont des origines, des tendances, des doctrines fort variées, on comprend

au gouvernement, il prouve en rectifiant des assertions, en discutant des critiques, qu'il ne lui suffit pas d'avoir la force, mais qu'il se croit encore enu d'avoir raison devant l'opinion publique. Il n'est rien qui soit plus favorable aux mœurs de la liberté. »

Ces réflexions sont du *Corsaire*. En les lui empruntant, le *Figaro* y donnait une entière approbation : « Après tout, disait-il, la prose du gouvernement n'est pas plus ennuyeuse à publier qu'autre chose. »

(1) A *trois* heures, prétend la *Liberté*.

quels résultats doit produire cette étrange innovation.

8º Le service du colportage est rétabli ; seulement il n'a plus le contrôle et n'offre plus aux écrivains la garantie de la commission supérieure d'examen. Les ministres sont tout-puissants : ils le prouvent. Sous l'Empire, on n'interdisait que les livres obscènes et les pamphlets ; jamais le visa n'avait été refusé aux discours, même les plus violents, des députés de l'opposition. M. Rouher ne put l'obtenir pour sa réponse aux calomnies de M. d'Audiffret-Pasquier, officiellement affichées à la porte de toutes les mairies ; ni M. le général Pajol, pour sa lettre sur *Sedan*, simple récit des faits dont il avait été témoin.

9º Le *Petit Journal Officiel* revit dans le *Bulletin français*. Mais les ministres de la République ont fait pour celui-ci ce que M. de Lavalette n'eût jamais osé faire pour celui-là. Ils ont annoncé, sur tous les murs de France, que les fonctionnaires et les établissements publics, y compris les cafés, le recevraient à prix réduit, et que les demandes d'abonnements seraient transmises par la poste en franchise.

10º La censure dramatique a été rétablie, non par une loi, comme le voulaient les précédents, mais par un simple décret. Elle plaisante moins que jamais sur les allusions politiques.

11º Le crayon n'est pas plus libre qu'autrefois, — du moins à l'égard du pouvoir. L'Empire ne se laissait pas salir par la caricature, mais il en défendait

également ses ennemis. Le gouvernement, aujour-
d'hui, lui livre les siens, même ceux que la mort
devrait rendre sacrés.

Était-il nécessaire d'entrer dans tous ces détails ?
un seul mot ne suffisait-il pas : l'état de siége! L'état
de siége virtuellement abrogé par la paix ; l'état de
siége arbitrairement maintenu, non point, selon le
vœu de la loi, pour étouffer le désordre de la rue,
mais pour éteindre les polémiques désagréables ; l'é-
tat de siége est, depuis quatre ans, l'unique statut qui
régit la presse française. Et celui qui l'a fait revivre,
par un de ces tours de gobelets où il excelle, se nomme
Thiers ; ceux qui l'ont maintenu se nomment Picard,
Casimir Perier, Victor Lefranc, Beulé, de Broglie,
Decazes, etc... ; ceux qui en usent, comme on vient
de le voir, se nomment Pascal, Michon, Limbourg,
Lavedan, de Guerle, etc...

Pour les uns et les autres, le décret de 1852 était
le dernier mot de la servitude et de l'humiliation.
Pour les uns et les autres, la loi de 1868 était insuffisante ; il leur fallait le jury !

Quand, à distance et de sang-froid, on lira cette
page de notre histoire, on croira rêver !

La comparaison que je viens de faire, tous les
journalistes *in petto* l'ont déjà faite. Rien de piquant

comme de voir à ce sujet les anciens coalisés échangeant leurs soupirs et leurs objurgations.

En décembre 1870, M. de Cumont, dont le journal vient d'être supprimé, dit au gouvernement présidé par M. Gambetta :

Voilà où nous en sommes, après quatre mois de république, sous le gouvernement des hommes avec qui j'ai réclamé pendant dix-huit ans la liberté de la presse.

En août 1874, le journal de M. Gambetta répond au gouvernement dont M. de Cumont fait partie :

C'est égal ! Celui qui nous eut dit que nous en viendrions là un jour, dans nos rapports avec les membres de l'ancienne Union libérale de 1863 à 1869, celui-là nous aurait fortement surpris.

Et, quelques jours plus tard, M. John Lemoinne avoue franchement ce que les autres se contentent de penser :

Il y eut un temps, c'était sous l'Empire, où l'on demandait la liberté comme en Autriche. Qui nous eût dit qu'un jour viendrait où l'on serait forcé de demander la liberté comme sous l'Empire !

Mais on ne reprochait pas seulement à l'Empire de bâillonner ses adversaires, on lui reprochait d'en

profiter lâchement pour les insulter. M. Thiers le
disait en 1864 :

> Avez-vous donc supprimé la licence? Ne l'avez-vous pas
> mise plutôt en dépôt dans les mains du gouvernement pour
> s'en servir contre les citoyens qui ont le malheur de lui
> déplaire?

Qu'on parcoure cependant les discours de tous les
orateurs du gouvernement; qu'on parcoure la col-
lection des journaux officieux : je défie qu'on y trouve
une parole injurieuse pour les membres de l'opposition ou pour les gouvernements auxquels ils de-
meuraient attachés.

Une circulaire de M. Pinard (circulaire confidentielle, et que nous n'aurions jamais connue si la
publication des *Papiers secrets* ne l'avait mise au
jour) donnait aux préfets les instructions suivantes :

> Partout où vous aurez à vous exp'iquer sur des candidats
> d'opposition, vous devez, il me paraît inutile d'insister sur ce
> point, vous attaquer uniquement à leur attitude politique,
> jamais à leur personne.

Tel était le parti pris du gouvernement impérial
de ménager ses adversaires, même les plus âpres,
qu'un journal se disposant à publier les papiers
secrets de M. Jules Favre, que Millière révéla plus
tard, le ministère le lui interdit.

Loin de maltraiter ceux qui avaient marqué dans
l'histoire du pays, sous des régimes antérieurs,

le gouvernement, l'Empereur lui-même, leur rendaient volontiers hommage. M. Thiers était proclamé « l'historien illustre et national. » Des rues de Paris recevaient les noms de Berryer, Cousin, Montalivet, Casimir Périer, Martignac, Arago, Pasquier, etc... une place d'Alger, celui de Charles X en l'honneur de l'expédition de 1830, « et pour perpétuer ce glorieux souvenir d'un de mes prédécesseurs, » disait Napoléon III. Dans les travaux de restauration des monuments publics, la fleur de lys, effacée en 1830, était rétablie. L'anniversaire du 21 janvier n'était pas seulement respecté aux Tuileries : il y était célébré. Quand Mme la duchesse de Berry mourut, les journaux officieux saluèrent sa tombe avec autant de respect que les feuilles légitimistes.

Si c'était là le régime de la licence officielle, quel nom faudra-t-il donner à ceux que nous avons vu depuis s'épanouir ?

Les ministres de l'Empereur avaient-ils sans cesse à la bouche les mots de *criminels, coquins, meurtriers, traîtres, voleurs* et *scélérats*, comme ces messieurs du 4 Septembre ? L'*Étendard* parlait-il de la *canaille républicaine*, comme l'organe intime de M. Thiers, le *Bien public*, de la *canaille bonapartiste* ?

Enfin, vit-on jamais, sous l'Empire, aucun excès comparable à cet affichage public d'un discours où tous les ministres de Napoléon III étaient mensongèrement accusés d'avoir volé les fonds destinés à l'armement du pays ?

Depuis le 24 Mai, le concours des impérialistes étant devenu nécessaire, on se montre à leur égard un peu mieux élevé; on ne parle plus que d'*audace et d'insolente provocation*. C'est un progrès.

La différence est pourtant sensible encore entre les deux régimes. Pour la faire ressortir, il suffit de constater ce double fait :

Sous le règne de l'Empereur, la rue *du Vingt-neuf Juillet*, la rue d'*Aumale*, la rue *Montpensier*, le pont *Louis-Philippe* reprenaient leur nom. Sous les ministres orléanistes qui ont occupé le pouvoir depuis le 24 Mai, la rue du *Quatre-Septembre* a conservé le sien.

En 1857, Napoléon III faisait élever une statue à Henri IV. Un de ses officiers allait le représenter à la cérémonie d'inauguration et y portait la parole en son nom. Le mois dernier, un préfet légitimiste, attendant la visite du Maréchal, crut devoir enlever de la cour de son hôtel une statue de Napoléon Ier, que le 4 Septembre lui-même avait respecté !

V

LES RÉUNIONS

Ce chapitre sera court.

Le droit de réunion existait ;

Il n'existe plus.

Il existait ; et dans les limites nécessaires que lui traçait la loi, on le déclarait illusoire. Cette loi cachait « un piége. » On la violait : sous prétexte de *réunions privées,* on faisait des réunions illégales. M. de Larcy donnait cet exemple : il ouvrait sa maison à tous les royalistes, à tous les républicains du Gard et en défendait l'accès, par la force, aux agents de l'autorité.

Le gouvernement poursuivait-il quelque énergumène des clubs de Belleville ou de Ménilmontant, l'opposition tout entière prenait parti pour cette victime de l'arbitraire. Plaidant pour Lissagaray, M. Jules Favre disait : « C'est un vaillant athlète. Il est généreux et chevaleresque. Il ne suit jamais que le cri de sa conscience ; il mérite l'estime de tous les honnêtes gens. » Et, naturellement, l'avocat réclamait pour son client et pour les autres vaillants athlètes la faculté de tout entendre et de tout dire (1).

On voulait le droit de réunion absolu, sans entraves. Ce n'était pas encore assez : le droit de réunion sans le droit d'association était inefficace ; — on réclamait le droit d'association. En attendant qu'on l'eût obtenu, on l'exerçait. Quand l'Internationale fut poursuivie, les libéraux se plaignirent ; quand le comité permanent des Treize fut dissous, les libéraux s'indignèrent.

Depuis la chute de l'Empire, il n'y a plus de réunions.

Le Quatre Septembre a donné, sur ce point, l'exemple à ses successeurs : « *Attendu qu'il est impossible de tolérer des assemblées factieuses, où des malfaiteurs travaillent ouvertement à renverser le gouvernement républicain...* » — ainsi débutait un

______

(1) « Abandonnons les débordements à eux-mêmes, disait-il, et soyez certains que le flot rentrera dans son lit et que la raison et la vérité finiront par triompher. Ne vous effrayez donc pas quand une réunion d'ouvriers, qui éprouve le besoin de témoigner son opinion, le fait avec quelque ardeur, même avec quelque emportement. Il ne peut en être autrement et il n'y aura péril que quand il y aura répression. »

arrêté de M. Challemel-Lacour, interdisant les réunions publiques dans le département du Rhône.

Sous M. Thiers, un orateur de conférence se vit refuser la permission de parler du *Misanthrope*, dans la Salle des Capucines, à trois cents auditeurs ; et tout récemment, M. Réville, celle de parler de Rabelais à quelques baigneurs dieppois.

Quant au droit d'association, — qui s'en occupe ? Au mois de juillet 1872, M. Tolain déposa une proposition tendant à l'établir. La gauche et la droite l'accueillirent avec une égale froideur. Elle allait être rejetée, quand M. de Kerdrel fut pris d'un scrupule : n'y avait-il pas quelque honte à repousser de la sorte un droit qu'on avait énergiquement réclamé à l'Empire. Que penserait-on de cette palinodie ?

Nous demandions à l'Empire les libertés nécessaires, et, au au premier rang, une sage liberté d'association. Eh bien, je ne veux pas qu'on puisse dire de nous, en rappelant un mot célèbre, que nous avons été des comédiens de dix-huit ans. Je demande qu'on passe à une deuxième lecture.

Ce qui voulait dire : Enterrons le droit d'association, soit ! mais, mettons-y des formes. On approuva l'idée de M. de Kerdrel et l'on décida qu'on passerait à une seconde lecture. Il y a deux ans et demi que la scène se passait. Depuis, formes et scrupules ont été mis de côté. La seconde lecture n'eut jamais lieu. Ni les royalistes ni les républicains ne songèrent à la réclamer. Aujourd'hui ils demandent à l'envi des poursuites contre les *Comités de l'Appel au peuple*, accusés de ne point considérer la République comme définitive, ni le Septennat comme éternel.

VI

LES ÉLECTIONS

Par l'institution des candidatures officielles, l'Empire avait supprimé la liberté électorale.

Dans toute élection, le gouvernement impérial prétendait avoir ses candidats comme l'opposition avait les siens. Neutre, immobile, bouche close et bras croisés, il aurait dû laisser ses partisans se mesurer avec ses adversaires : sous le vain prétexte que les conservateurs, réduits à leurs seules forces, ne sont capables de rien, il descendait avec eux dans l'arène et se mettait ouvertement à leur tête.

Faisant au grand jour ce que tous les autres gouvernements ont fait, font et feront jusqu'à la consommation des siècles, mais dans l'ombre et le mystère, il désignait hautement le candidat dont il désirait le succès et l'appuyait de toutes ses forces.

Un seul était désigné : beaucoup auraient voulu l'être. De là de nombreux mécontentements. Après la liberté de la presse, ce que l'on réclamait le plus bruyamment c'était « la liberté électorale », c'est-à-dire la suppression des candidatures officielles.

Le candidat officiel était l'ennemi commun. Contre lui toute coalition était permise, légitime, honorable. De l'extrême gauche et de l'extrême droite on se donnait gaiement rendez-vous sous la vaste bannière de l'*Union libérale*. Royalistes et radicaux combattaient côte à côte, se ménageant au premier tour et s'alliant au second. On voyait ainsi M. de Montalembert sollicitant l'appui de M. Dréo dans Ille-et-Vilaine ; le duc Decazes, le concours de M. Garnier-Pagès dans la Gironde ; M. Berryer appuyant M. Grévy dans le Jura ; M. Jules Favre recommandant le baron de Larcy aux électeurs du Gard, et le baron de Larcy, M. Picard aux électeurs de l'Hérault, etc.... Ces messieurs, dans l'intimité, ne se dissimulaient nullement le caractère de l'alliance. L'ayant organisée dans un département où elle paraissait difficile, M. Garnier-Pagès, disciple imprévu de Machiavel, écrivait à l'un de ses amis : « Combinaison diabolique, combinaison monstrueuse ! » On voit le sourire infernal qui devait crisper le visage de l'ancien maire de Paris, quand il écrivait cette lettre confidentielle... En public, on prenait d'autres airs. On jetait sur ces misères un manteau de pourpre. Cette immorale association d'intérêts, de haines, de passions, s'appelait « la sainte croisade des amis de la liberté contre le despotisme ».

Et, ce qui n'est pas le moins curieux, en fraternisant ainsi avec les radicaux, les candidats et les écrivains de la droite, les royalistes, les parlementaires se piquaient d'être les véritables, les seuls conservateurs, et dénonçaient avec indignation les tendances révolutionnaires de la politique officielle.

Si le gouvernement n'eut combattu que ses ennemis déclarés, ceux qui annonçaient hautement l'intention de le renverser, les Gambetta, les Esquiros, les Raspail, les Rochefort, — on aurait pu sinon le justifier, du moins le comprendre. Mais il repoussait systématiquement les hommes les plus modérés, les plus éclairés, ceux en qui la politique honnête et sage eut trouvé les plus fermes défenseurs : les Thiers, les Dufaure, les Rémusat, les Casimir Périer, les Calmon, les Malleville. Étaient-ce là des hommes dangereux, des fauteurs de désordre, des propagateurs de mauvaises doctrines ? Non, c'étaient des libéraux, c'est-à-dire les conservateurs par excellence. Les libéraux devaient séduire, entraîner la bourgeoisie ; les révolutionnaires l'effrayer, la ramener au pouvoir. Le pouvoir préférait donc les révolutionnaires aux libéraux, et pour écarter ceux-ci, il favorisait secrètement ceux-là ; il les stipendiait au besoin ! d'Alton-Shée, le candidat radical opposé à M. Thiers, Vallès, Assy, Vermorel, tous les autres énergumènes des clubs démagogiques, étaient, comme les *blouses blanches* de boulevard, à la solde du ministère.

Le gouvernement ne combattait pas seulement les candidats libéraux ; il poussa l'aveuglement jusqu'à repousser les candidats dynastiques, des candidats qui, dans leurs manifestes électoraux, nommaient l'Empereur sans l'insulter, comme M. Bethmont, même des candidats qu'il avait autrefois jugés dignes de l'investiture officielle, comme MM. Keller, Lemercier, de Flavigny, etc... C'est à propos de ce dernier, on s'en souvient, qu'un orateur du gouvernement, M. Chaix d'Est-Ange, avait imaginé sa prodigieuse théorie des *amis du premier et du second degré*.

L'Empereur ne voulait que des amis du premier degré : des courtisans, des écuyers, des chambellans, des hommes étrangers au pays qu'ils prétendaient représenter, inconnus de lui, imposés à ses suffrages par la poigne préfectorale. On ne pouvait plus promettre aux électeurs, comme au temps du suffrage restreint, des bourses au collége, des places, des croix ; on leur promettait des ponts, des routes, des canaux. Le candidat indépendant pouvait-il lutter contre de tels arguments ? Il était vaincu à l'avance ; mais sa défaite ne prouvait rien, et la victoire du gouvernement, fruit de l'intimidation ou de la corruption, loin de les exprimer, dissimulait les véritables sentiments du pays, etc., etc.

Vous connaissez ce refrain! Pendant vingt ans tous les orgues de barbarie de l'opposition vous l'ont rabâché soir et matin... Comme les autres, il a quelque peu vieilli!

On croit moins à la complaisance de l'administration impériale pour les *blouses blanches* de la rue ou du scrutin. Les fouilles infructueuses du 4 Septembre ont fait justice de ces misérables cancans. On comprend que si d'Alton-Shée eût été au service du marquis de Lavalette, M. Gambetta ne l'aurait pas enseveli dans une harangue de première classe; que si Vallès, Assy, Vermorel et les autres avaient été des agents secrets de M. Rouher, déguisés en jacobins, ils n'auraient point joué leur rôle jusqu'à la déportation, jusqu'à la mort.

On s'étonne moins que l'Empire ait refusé de voir en M. Thiers le type idéal du conservateur et qu'il l'ait combattu. On se dit qu'après tout si M. de Persigny avait fait échouer sa candidature à Paris, comme à Aix, à Valenciennes, à Lannion (et il s'en fallut de 200 voix!), la France ne serait pas aujourd'hui où elle en est; que, soustrait à sa pernicieuse influence, le Corps législatif eût mieux accueilli les réformes militaires de l'Empereur, plus mal les réformes politiques de l'opposition; que la Prusse, nous voyant plus forts, moins divisés, ne nous eût sans doute pas provoqués; que l'eût-elle fait

quand même et nous eût-elle battus, M. Thiers n'aurait pu réclamer le pouvoir comme son bien et la
France ne serait point tombée dans ses mains !

On s'étonne moins que l'Empire, en même temps
que M. Thiers, ait écarté ses lieutenants, M. Dufaure, M. de Rémusat, M. Casimir Périer, M. Say,
M. Malleville, M. Calmon, tous républicains aujourd'hui, tous alliés, tous patrons des Gudin, des Aubert
et des Maillé.

On comprend qu'il ait suspecté les sentiments
dynastiques de M. Bethmont, — qui devait proposer
la déchéance et de tous ces « amis du second degré, »
— qui devaient la voter.

On juge moins sévèrement ses procédés électoraux
depuis qu'on a vu ses successeurs à l'œuvre.

Pour écarter plus sûrement ses adversaires,
l'Empire n'avait point imaginé, en effet, de proscrire leur candidature, comme le fit le gouvernement
de Septembre par le fameux décret de M. Gambetta,
rapporté pour la forme, — en fait exécuté.

Ses préfets avaient la poigne rude?... Moins pourtant que ceux de la Défense nationale, qui travaillaient pour eux-mêmes ! On connaît cette dépêche de M. Laurier au préfet des Alpes-Maritimes :
« *Si vous n'avez pas de Français local ayant
des chances, prenez Gambetta, vous et moi.* » Avec

cette seule pièce, sans être un Cuvier, on reconstitue tout le système électoral de l'époque. M. le comte Jaubert, peu suspect en pareille matière, déclarait que les manœuvres si vivement reprochées aux préfets de l'Empire étaient des « *peccadilles* » auprès de celles qu'avaient employées certains préfets de la République pour assurer le succès de leur propre candidature. Et après lui, M. Depeyre prononçait, aux applaudissements enthousiastes et prolongés de la droite, de nobles paroles que le lecteur fera bien de ne pas oublier :

Messieurs, une des choses qui altèrent le plus le sens moral et politique de notre pays, c'est cette promptitude merveilleuse, ce sans-façon avec lequel, au lendemain des révolutions, on voit des hommes que le flot des événements a portés au pouvoir renier, fouler aux pieds, dans un misérable intérêt personnel, tous les principes qu'ils défendaient la veille (1).

On reprochait à l'administration impériale d'intimider les électeurs? Elle n'avait point songé cependant à diriger, sur une seule circonscription, une escadre cuirassée, — un corps de débarquement, — un commissaire extraordinaire, — les poches pleines de faveurs et de disgrâces, déplaçant ou destituant plus de trente fonctionnaires en un mois.

De la part de M. Gambetta, même de M. Thiers, on peut le dire, ces excès du pouvoir n'étonnèrent

(1) Séance du 9 mars 1871.

qu'à demi. Mais quand on vit arriver aux affaires l'école du centre droit, on crut qu'ils allaient cesser. Les hommes de ce parti ne se contentent pas, en effet, d'être seuls « *libéraux*, » seuls « *conservateurs*, » ils sont seuls « *honnêtes.* » Or, ils avaient si souvent, si violemment protesté contre l'intervention du pouvoir dans les luttes électorales qu'on devait s'attendre à les voir garder entre les diverses candidatures la plus stricte neutralité.

Encore une illusion qu'il a fallu perdre!

Peu de temps après le 24 Mai, une élection a lieu dans les Côtes-du-Nord. Le préfet recommande aux maires la candidature de M. Leguen. Interpellé à ce sujet dans un bureau de l'Assemblée, M. Baragnon, sous-secrétaire d'Etat au ministère de l'intérieur, répond loyalement : « En présence de l'action des comités radicaux, nous serions coupables de ne pas agir. » Ni M. Baragnon, ni les ministres n'entendaient être coupables : on le vit bientôt dans la Gironde.

« Avez-vous connu Monseigneur Barnabé? » demandait-on à un sauvage fraîchement converti. « Si je l'ai connu? répondit-il, j'en ai mangé! » M. Pascal, préfet de la Gironde connaissait à fond la candidature officielle pour l'avoir beaucoup attaquée. Il croyait seulement, comme la plupart de ses coreligionnaires, qu'en elle était tout le secret des succès électoraux de l'Empire et que les bons ruraux se laissaient mener au scrutin comme les moutons à l'abattoir. Il choisit donc un candidat, le propose, le fait agréer. Le *Français*, à qui le seul mot de *candidat de l'Empereur* faisait mal, baptise lui-même l'amiral Larrieu, *candidat mac-mahonien*. L'épithète eut plus de succès que la candidature. Le mot du *Français* resta au répertoire, mais son amiral, sur le carreau. On s'en prend naturellement aux bonapartistes : ils ont « divisé le parti conservateur ! » Quel besoin avaient-ils de présenter un candidat?..... En vain font-ils remarquer que le général Bertrand s'était déclaré le partisan du Maréchal et qu'il a obtenu 50,000 voix. On ne veut rien entendre !... Ainsi les royalistes trouvaient bon, juste, honnête, autrefois, de s'allier contre l'Empire avec les radicaux ; ils nous reprochent comme un crime aujourd'hui de vouloir combattre les radicaux à côté d'eux.

Cot échec décourage le ministère qui laisse successivement passer, sans leur susciter de concurrent, MM. Sens, de Bourgoing, le Provost de Launay : M. Sens, c'est-à-dire un de ces anciens candidats officiels, envoyés par le caprice d'un ministre à des électeurs qui ne l'auraient pas choisi ; M. de Bourgoing, c'est-à-dire un de ces hommes de cour, dont l'habit brodé était le seul titre électoral ; M. Le Provost de Launay, c'est-à-dire un de ces satrapes de préfecture qui imposaient aux paysans terrorisés les candidatures impopulaires. Ils n'ont plus ni promesses, ni menaces à faire, ils ne peuvent plus inti-

mider, ni corrompre; l'administration ne leur est
plus favorable, mais hostile; loin de récompenser
ceux qui les ont secondés, elle les punirait plutôt :
ils sont nommés cependant! Avec l'appui du gouvernement, l'amiral Larrieu échoue; sans lui,
MM. Sens, de Bourgoing, de Launay réussissent. La
candidature officielle ne suffit donc pas à assurer le
succès et les bons ruraux ne sont décidément faciles
à mener que quand on les mène où il leur plaît
d'aller.

La leçon était claire : elle ne profite point. D'autres
ministres, qui se croient plus habiles, arrivent au
pouvoir : la partie perdue par leurs prédécesseurs, ils
espèrent la gagner. Le département de Maine-et-
Loire, où l'un d'eux, M. le vicomte de Cumont, fut
élu, leur semble particulièrement favorable à une
nouvelle expérience.

M. Berger y pose sa candidature. Il respecte pro-
fondément la personne et les pouvoirs du maréchal
et déclare à tous que sa profession de foi contiendra
le témoignage éclatant de ce double respect. Ce n'est
donc point en ennemi, mais en ami du Septennat
qu'il se présente. Que le Septennat le soutienne : en
lui il pourra triompher. Mais non ! M. Berger parle
du passé, il pense à l'avenir, il faut un candidat
pour qui n'existent ni passé ni avenir, pour qui le
présent soit tout : M. Berger est un ami du second
degré : on veut un ami du premier.

On soutiendra donc M. Bruas, on combattra donc
M. Berger.

Tournées de sous-préfets, réunions de maires (1),
menaces aux communes récalcitrantes, visites de
deux ministres (2), visite du président de la République, pluie de bienfaits officiels, depuis des
statues et des tableaux jusqu'à un chemin de fer,
vivement désiré par les populations, demandé le
4 septembre par M. de Cumont, promis le 5 par
M. Caillaux, — nulle faveur ne manque à l'heureux M. Bruas.

Délai de quinze jours opposé à la fondation d'un
journal, interdiction de vendre ledit journal sur la
voie publique avant qu'il aît pu commettre un
délit; (*Comment l'aurais fait, si je n'étais pas né ?*)
prohibition d'une feuille voisine à la frontière du
département; défense, absolument illégale, de
reprendre la publication d'une autre feuille inter-
rompue depuis quinze jours seulement, injures
prodiguées par les organes de l'administration,
accusation grave lancée par M. le ministre de

(1) « Après s'être entretenu de nos besoins, écrit à l'*Union* l'un de ces
maires, M. le sous-préfet nous a longuement parlé des élections, nous a fait
l'éloge de M. Bruas et nous a démontré que nous ne devions voter, ni pour
M. Berger, ni pour M. Maillé. Après nous avoir dit qu'il lui serait beaucoup plus facile d'avoir des secours si M. Bruas était nommé, M. le sous-
préfet a ajouté que quand même MM. Berger ou Maillé aurait la majorité
dans la commune, ce n'était pas une raison pour ne pas s'occuper de nous. »

(2) On trouvait monstrueux que M. Rouher, ministre des travaux publics, traversât la Lozère avec son ami, M. Mathieu, pendant la période électorale: on trouve tout naturel que M. de Cumont s'installe en Maine-et-Loire
pour y organiser ostensiblement la campagne en faveur de M. Bruas.

l'intérieur et, suivant son conseil, reproduite la veille du scrutin, sur tous les murs, — nulle rigueur ne manque au malheureux M. Berger.

Jamais l'Empire — je ne parle pas de l'Empire de 1869, qui avait la magnanime niaiserie d'accorder un sauf-conduit au candidat Rochefort, — jamais l'Empire de 1852 n'a fait, dans aucune élection, ce que les ministres parlementaires ont fait dans le département de Maine-et-Loire (1).

Et tout cela, pour aboutir à un échec!

Est-ce bien pour eux un échec? Le candidat radical est nommé, — petit malheur! Le bonapartiste est battu, — bonheur immense! Ainsi raisonnent ces rigides conservateurs pour qui nous faisions acte de révolutionnaires en combattant MM. Thiers ou Calmon : conservateurs si scrupuleux qu'ils iraient jusqu'à la République, pour éviter l'Empire.

« Tout plutôt que l'Empire, » telle est, paraît-il,

(1) A propos des dernières élections au Conseil général, le *Courrier de l'Isère*, citait une lettre où l'un des candidats lui racontait son entrevue avec le préfet :

« M. le préfet me répondit par trois fois qu'il préférait le succès de « M. Recoura à celui de M. Michaud, et qu'il ferait de la candidature de « M. Saint-Ferriol la candidature la plus officielle qu'on eût encore vue « dans ce département.

« Je protestai contre ces paroles, ajoutant que si l'administration avait le « droit d'avoir des sympathies pour un candidat, elle devait se renfermer « dans les limites que lui imposaient les convenances et la justice. »

« A cela, M. le préfet me répondit : « Je ne puis faire autrement, mon « cher monsieur Diday, je suis obligé de suivre *les ordres de mon ministre.* »

la consigne donnée par le général de Chabaud La
Tour lui-même aux préfets. Des journaux du moins
l'ont affirmé en défiant qu'on les démentît. Le dé-
menti n'est pas venu. Mais un incident s'est produit qui semble confirmer le renseignement donné
par eux.

Le sous-préfet de Clamecy est révoqué. Il demande la cause de sa disgrâce. On lui répond qu'il
s'est montré favorable à la candidature de M. de
Bourgoing. Or, M. de Bourgoing s'était déclaré, lui
aussi, « mac-mahonien. » Il avait promis tout son
concours à « l'illustre maréchal ». N'importe! Le
ministère eut préféré le succès de M. Gudin. Nous
aurions cru le diffamer en le disant ; il prend soin de
le faire savoir lui-même. Avis à MM. les sous-préfets!

Les légitimistes intransigeants partagent sur ce
point les sentiments de M. le ministre de l'intérieur.
En posant les candidatures sans espoir de M. de
Pazzis et de M. de Fontette, ils n'avaient d'autre but
que de faire échouer les candidats impérialistes. La
Gironde reconnaissante nous l'apprit en ces termes :

C'est aux légitimistes que revient l'honneur d'avoir les
premiers disputé le terrain au césarisme. M. de Fontette a
bravement levé leur drapeau, sans espoir de succès, mais pour
permettre aux voix royalistes de ne pas s'égarer sur le représentant du régime tombé le 4 Septembre.

Pendant tout le cours de la campagne, ses amis et lui n'ont
dirigé aucune polémique contre les républicains, et ont réservé
tous leurs coups pour M. le Provost de Launay. Les républicains ont gardé une attitude analogue.

Il semble qu'il y ait eu entre les deux partis une alliance tacite inspirée par le désir d'épargner au Calvados la honte d'une élection bonapartiste (1).

Ainsi, du simple exposé des faits, il résulte :

1° Qu'en nous accusant de favoriser l'élément radical aux dépens de l'élément conservateur, les coalisés de l'*Union libérale* nous calomniaient.

2° Qu'en leur adressant ce reproche, à notre tour, nous ne les calomnions pas. (2).

Mais les adversaires de l'Empire ne voyaient pas dans les candidatures officielles la seule entrave à la liberté du candidat ou à la liberté de l'élu.

La loi électorale de 1852 était mauvaise; on regrettait celle de 1849. Le compte rendu officiel des débats constituait pour les journaux une lourde servitude : il fallait le supprimer. Les colonies n'étaient point représentées à la Chambre : elles devaient l'être.

Depuis que la loi de 49 est remise en vigueur, on apprécie celle de 52. On voudrait, en la faisant revivre, substituer le vote par circonscription au scru-

(1) Pendant ce temps, un membre du centre gauche, trahissant la pensée de son groupe, écrit avec consternation à M. le duc Decazes : « Les paysans passent du radicalisme à l'Empire ! »

(2) Depuis que ces pages sont écrites, l'élection de Seine-et-Oise est venue ajouter un exemple frappant à ceux qui y sont cités.

tin de liste. Déjà on lui a emprunté le vote à la commune, — le scrutin de ballottage, au cas où le premier
tour ne donne point de majorité absolue, — et le délai
de six mois accordé au gouvernement pour faire les
élections partielles.

Le vote à la commune et le scrutin de ballottage
furent remis en vigueur par une loi, le délai de six
mois par un simple caprice de M. Thiers et dans
le seul but de retarder l'entrée de M. Rouher
à l'Assemblée nationale. Cette fantaisie parfaitement illégale prit avec le temps force de loi. Mais
la pensée mesquine, qui avait présidé à sa nais-
sance, présida constamment à son exécution.

Le gouvernement impérial s'était réservé un aussi
long délai pour remplir à la fois tous les siéges
devenus vacants pendant un semestre et ne donner
au pays que deux journées d'émotion électorale
dans l'année. Ses successeurs ne virent dans cette
faculté qu'un moyen d'ajourner de quelques mois un
scrutin dont ils redoutaient le résultat ; et, pour user
du délai légal jusqu'à son extrême limite, ils mul-
tiplièrent les crises électorales, qui devenaient ainsi
de véritables crises plébiscitaires et tenaient dans
l'angoisse, non pas une circonscription, non pas un
département, mais le pays tout entier.

Dès que le compte rendu officiel des séances cessa
de leur être envoyé, les journaux en reconnurent
l'avantage : il fallut le leur rendre.

Depuis que les colonies ont des députés, on com-

prend que l'Empire avait de bonnes raisons pour
ne point leur en donner. Les blancs, qu'on voulait
faire représenter, ne vont pas au scrutin, les noirs
seuls s'y rendent, une partie, une très-petite partie
des noirs. Les derniers élus représentent le sixième ou
le huitième des électeurs inscrits. La prochaine loi
électorale, si l'on en vote une, reviendra sans doute
sur ce point, comme sur les autres, aux principes
de 1852.

VII

LA CENTRALISATION

Après la liberté de la presse et la liberté des élections, ce que l'*Union libérale* réclamait de l'Empire avec le plus d'ardeur, avec le plus d'accord, c'était la liberté municipale. Sur ce terrain, royalistes et républicains fraternisaient même avec plus d'effusion que sur tout autre.

Les décentralisateurs formèrent une ligue; ils eurent un congrès; ils rédigèrent des cahiers, auxquels on adhéra de la droite, de la gauche, des centres, de partout. Il n'y avait qu'une voix pour dénoncer le vice du système municipal créé ou maintenu par l'Empire, pour en réclamer l'abolition.

Le gouvernement nommait lui-même les maires; il pouvait les prendre en dehors du conseil.

Il ne donnait pas l'écharpe au plus capable, mais au plus dévoué. Que devait être le maire? le représentant des intérêts municipaux, le syndic de la commune. Qu'était-il? un agent du pouvoir central, un courtier d'élections , ou selon la piquante expression de M. Thiers « une sorte de sous-sous-préfet. »

Le gouvernement ne tenait point le maire seulement dans sa main, mais le conseil municipal également, puisqu'il pouvait à son gré, le suspendre et le remplacer par une commission.

En certains cas, le gouvernement s'immisçait même directement dans les affaires de la commune : d'après la loi de 1855, dans les chefs-lieux de département dont la population dépassait 40,000 âmes, les attributions de police municipale étaient dévolues au préfet.

La loi de 1867 vint, il est vrai, corriger ce monstreux abus et rendre aux communes la direction de leur police ; mais, ce n'était point assez, il fallait leur rendre toutes leurs franchises, et, en premier lieu, le droit de désigner leur maire... Quelques-uns voulaient laisser d'abord ce soin au conseil municipal : c'étaient les prudents, les timides, ils étaient peu nombreux.

On sait ce qu'il advint après 4 Septembre des maires, des conseils, des franchises municipales. La dictature de cinq mois leur causa plus de mal qu'aux Allemands. Je n'ai pas besoin de rappeler quels nouveaux choix elle fit; on a de bonnes raisons pour s'en souvenir.

Quand M. Thiers prit le pouvoir, il laissa dans le conseil MM. Favre, Picard et Simon dont le projet de Nancy avait reçu l'adhésion chaleureuse; il y appela M. le baron de Larcy qu'on pourrait appeler le doyen des décentralisateurs. Les membres du centre droit et de la droite, à qui cette cause était particulièrement chère, crurent qu'elle allait enfin triompher. Pleins de zèle, pleins d'illusions, ils voulaient convertir sur l'heure le fameux *Projet* de 1865 en articles de loi. Quand M. Thiers réclama, exigea pour le gouvernement, la nomination des maires dans les communes de 20,000 âmes, ils lui firent cette concession avec douleur, se promettant bien de la reprendre s'ils arrivaient au pouvoir.

Ils y arrivèrent... Mais sur la route qui les y conduisit, déjà jonchée de tant d'illusions, ils durent encore abandonner celle-là !

Ayant vu quel usage les communes font de leur liberté, ils ne regrettent plus de leur en avoir trop refusé, mais de leur en avoir trop accordé. Loin de vouloir retirer au gouvernement le droit de nommer les maires dans les grosses communes, ils veulent maintenant le retirer aux conseils dans les petites. Une nouvelle loi est présentée, qui nous ramène aux principes de 1855 (1) et confère au pouvoir le droit de choisir les maires, même en dehors du conseil. Dès que ce droit lui est accordé, la nouvelle administration en use — et largement !

En 1867, l'*Exposé de la situation de l'Empire* constatait que moins de 2 % des maires avaient été pris en dehors du conseil. Encore ces nominations avaient-elles été faites le plus souvent « à la demande des populations et pour ne pas écarter d'honorables fonctionnairesque des circonstances particulières ou des raisons d'incompatibilité légale avaient empêché de se présenter. »

En 1874, M. le duc de Broglie adresse aux préfets la circulaire suivante :

Monsieur le préfet,

Quelle que soit la population des communes, vous pouvez suspendre, révoquer, remplacer les maires et les adjoints qui ne vous offriraient pas de suffisantes garanties. Quoiqu'en règle générale il convienne de désigner leurs successeurs parmi les membres du conseil municipal, vous n'êtes lié, à cet égard, par aucune nécessité ; vous n'avez à tenir compte que des circonstances, et votre but doit être de vous assurer le

(1) On lit dans l'exposé des motifs de cette loi : « Il est avéré que le choix des maires tel qu'il est réglé par la loi du 14 avril 1871... désarme le pouvoir central et laisse sans garanties suffisantes le maintien de l'ordre public et l'exécution des lois. Trop souvent, le gouvernement a eu à constater le refus de concours des maires, soit dans les affaires purement administratives, soit lorsqu'il s'agissait de la répression de délits de droit commun, pour qu'il lui soit possible de douter de la nécessité actuelle de ne pas prolonger davantage l'expérience de cette législation. »

concours d'agents *fermes*, honnètes et *dévoués*. Vous ne devez pas hésiter à user de vos pouvoirs pour atteindre ce but.

La fermeté, le dévouement, telles sont, avec l'honnèteté, les qualités requises : C'est donc bien un agent du pouvoir central, un *sous-sous-préfet* qu'il s'agit d'instituer dans chaque commune. Le maire n'est plus un syndic des intérêts municipaux, c'est un *fonctionnaire* du gouvernement. Le mot même a été dit.

Des maires avaient cru, sur la foi du programme de Nancy, qu'ils pourraient se rendre le 16 mars à Chislehurst. On le leur interdit. Le *Journal de Paris* justifiant cette mesure déclara que des « *fonctionnaires du Septennat* » n'avaient pas le droit d'accomplir un tel pèlerinage.

M. Lavedan, quand il était encore préfet de la Loire-Inférieure, révoqua beaucoup de maires dont le seul crime était de garder au fond du cœur des sympathies pour la cause impériale. Le parti républicain, non moins libéral, l'en félicita : « Voilà, dit l'*Indépendant de l'Ouest,* un salutaire exemple que nous recommandons à tous les préfets! » Bonnes âmes !

Quant au dévouement l'honnèteté est jointe, c'est pour le mieux. Quand elle manque, on s'en passe. Le fait suivant le démontre.

En 1861, le maire d'une importante commune du

Midi (appelons-le, pour l'intelligence du récit, Joseph), fut convaincu de concussion. Il avait détourné 200 francs du budget communal. Le préfet averti le destitua immédiatement et donna l'écharpe à un autre. (Nommons cet autre Victor.) Joseph passe naturellement à l'opposition. Ailleurs il fut devenu radical ; ce coin du Midi a des mœurs particulières : il devint légitimiste. Le 4 Septembre trouva Victor à la mairie. Il l'en chassa et mit à sa place un radical. Après le 24 Mai, on voulut se débarrasser de celui-ci. Par qui le remplacer ? Tout le monde indiquait Victor, le dernier maire de l'Empire. Le préfet, se rendant au vœu général, mit Victor sur le tableau qu'il envoyait au ministère. Mais de puissants personnages portaient aux choses de ce département un intérêt particulier. En voyant le nom de Victor, ils bondirent. — Prendre un bonapartiste dans une commune de cette importance ! et quand nous avons Joseph sous la main ! A quoi pense ce préfet?... « Monsieur le préfet, il faut nommer Joseph. — Impossible, Messieurs, Joseph est un voleur. — Il faut nommer Joseph ! —Mais toute la commune connaît son affaire ! Les procès-verbaux du conseil la racontent en détail. Quelle figure ferait-il devant ses administrés ? — Il faut nommer Joseph ! » Et Joseph fut nommé.

Pas *honnête,* celui-là, mais « bien *dévoué,* par exemple ! » comme on dit dans une opérette célèbre.

Placez l'historiette sous l'Empire, faites-la raconter à la tribune par M. Picard : Quel succès !

L'administration n'est donc point entraînée vers les anciens maires par une irrésistible sympathie. Elle ne s'adresse à eux que quand elle ne peut faire autrement..... Et cependant, s'il faut en croire les journaux républicains, toutes les municipalités de France sont aux mains des « hommes de Décembre. » Qu'en faut-il conclure? Que l'Empire faisait de bons choix, des choix moins intéressés qu'on ne voulait bien le dire.

Le gouvernement ne suspend pas seulement les maires dont la fermeté, dont le dévouement laissent à désirer, il suspend les conseils municipaux insoumis et les remplace par des commissions. De ce droit encore, il use plus largement que ne faisait l'Empire.

Le 14 mars 1861, M. Baroche disait :

On parle de dissolution de conseils municipaux, des commissions établies pour les remplacer. Eh bien, les élections municipales ont été faites l'année dernière au mois d'août. Savez-vous combien de conseils municipaux ont été dissous depuis cette époque? Il y en a eu SIX.

En 1867, il n'y avait plus une seule commission municipale.

On sait ce qu'il y en a aujourd'hui !

Comme Marseille et Lyon, Bordeaux, qui de 1852 à 1870 n'en eut point, en possède une, M. Pascal, en l'installant, s'exprimait ainsi :

Vainement essayera-t-on de passionner cette population intelligente et sensée par la revendication de principes absolus qui trouvent des champions ardents parmi ceux qui les appliquèrent, il y a quatre ans, avec moins de scrupules.

Les amis persévérants d'une liberté municipale sainement réglée savent bien qu'elle n'est pas en péril ; ils savent, quand la politique a pénétré dans la commune, ce qu'elle y fait et ce qu'elle en fait. Tout esprit libre et modéré reconnaîtra qu'il est une heure où les intérêts de l'ordre doivent dominer tous les systèmes et s'imposer à toutes les théories et que la liberté souffre toujours des atteintes portées à l'ordre public.

Dans le parti impérialiste, on ne change pas d'opinion en même temps que de fortune. Je ne blâme pas aujourd'hui ce que j'approuvais hier. Je trouve excellents l'exposé des motifs, la circulaire et le discours qu'on vient de lire ; je ne leur fais qu'un reproche, c'est de n'être pas signés : *Genteur — Pinard — de Mentque*... Mais s'ils portaient de telles signatures, je serais curieux de savoir ce qu'en auraient dit le *Français*, le *Correspondant* et le *Progrès Libéral*, de Toulouse ?

Je n'ai pas parlé des attributions : la loi nouvelle s'en occupe également.

Le gouvernement, en reprenant le droit de nommer, de révoquer les maires, les plaçait sous sa dépendance : il pouvait donc, sans péril, leur laisser des pouvoirs étendus. Il n'en jugea pas ainsi. Il se réserva la direction de la police municipale, non-seulement, comme le voulait la loi de 1855, dans les chef-lieux de département les plus populeux, mais dans *tous* les chefs-lieux de département et dans *tous les chefs-lieux d'arrondissement.*

Dans les autres communes, il laisse les maires l'exercer, mais sous le contrôle, sous l'autorité du préfet, qui, d'un arrêté, peut la leur retirer pour la confier soit au sous-préfet, soit à tel agent spécialement institué. La police municipale est donc partout, aujourd'hui, directement ou indirectement exercée par l'administration centrale.

Sous l'Empire, les conseils municipaux des chefs-lieux de département comptant plus de 40,000 âmes, où par conséquent la police municipale était aux mains du préfet, refusaient-ils de voter les frais de cette police? Un décret impérial, *le conseil d'Etat entendu*, les y obligeait.

Nous avons simplifié tout cela! Un règlement d'administration publique organisera la police dans toutes les communes de France, déterminera le personnel nécessaire, fixera la dépense; et si un conseil municipal hésite à la payer, un simple arrêté préfectoral l'inscrira d'office au budget.

Soyons justes! N'oublions pas l'étrange institution des commissions départementales. Elle n'est pas morte encore; elle n'en vaut guère mieux. Elle ne se fait pardonner qu'à la condition de s'effacer; là où elle ne fait point de mal, c'est qu'elle ne fait rien. Elle ne gêne point encore assez pour qu'on la supprime; mais, à coup sûr, si elle n'existait pas, on se garderait de l'inventer..... Notez qu'elle devait suppléer le préfet et le rendre inutile!...

VIII

LE FAVORITISME

Ce qu'elle disait des maires de l'Empire, l'opposition le disait également de tous les hommes qui, soit dans l'administration, soit dans le parlement, soit dans l'armée, soit dans la magistrature, soit dans la presse, étaient directement ou indirectement associés à la politique officielle.

L'Empire n'exigeait d'eux ni probité, ni mérite, du zèle seulement. Que le préfet fît rudement sentir sa main aux ennemis de l'Empereur, que le député fût toujours prêt à étouffer leur voix, le militaire à les écraser, le juge à les condamner, le journaliste à les insulter, on ne leur demandait pas davantage : leur carrière était faite.

Malheur aux âmes fières qui se redressaient sous le joug! Pour avoir seulement comparé l'Empereur à Pilate et à Tibère (encore était-ce en vers alexandrins!), M. de Laprade était forcé de quitter sa chaire ; car les professeurs étaient alors traités comme des fonctionnaires, et les fonctionnaires comme des laquais.

En échange de leur dignité perdue on leur donnait des croix, trop de croix : le ruban rouge était prostitué ; de l'argent, trop d'argent : l'abus des gros traitements indignait les libéraux, qui ne négligeaient nulle occasion de le flétrir.

L'intérêt, comme l'or du pays, étaient sacrifiés à l'ambition de quelques favoris. On ne se demandait point si le protégé convenait à la place, mais seulement si la place convenait au protégé (1).

Dans le zèle de ces fonctionnaires, recrutés par la faveur, l'Empire croyait voir du dévouement. L'opposition riait de sa candeur : que vint la tempête, tous ces courtisans du soleil disparaîtraient bien vite ; on ne s'appuie que sur ce qui résiste ; ceux-là seuls sont fidèles à la mauvaise fortune qui savent montrer à la bonne un visage maussade ; sans une pointe d'opposition pas de véritable dévouement ; les seuls amis solides sont les amis du second degré. L'Empire ne l'avait pas compris. Il voulait des échines souples. Le talent, le caractère ont l'échine raide : il proscrivait le caractère, il proscrivait le ta-

______

(1) Pour assurer un meilleur recrutement de la magistrature, MM. Garnier-Pagès et Pelletan, voulaient que les juges fussent soumis à l'élection. M. Prévost-Paradol proposait de leur substituer, même pour les affaires civiles, des jurés, et de supprimer le ministère public. On demandait de tous côtés la suppression des sous-préfets. On espérait même, par les commissions départementales, arriver à celle des préfets.

lent. Que de terrains féconds laissés par sa faute en jachère! Quelle riche moisson volontairement perdue! M. Casimir Périer, par exemple? Quel ministre de l'intérieur! M. Léon Say? quel ministre des finances! M. le général Trochu? quel ministre de la guerre! M. Ferry? quel préfet de la Seine! etc.

Et combien de talents inconnus, que l'institution des candidatures officielles avait seule empêchés de se manifester! Que la vie publique se ranimât, on les verrait surgir de toute part; que le boisseau sous lequel l'Empire étouffait la lumière vint à se briser, — on serait ébloui.

Et nous, naïfs! nous avions fini par le croire; et parfois nous disions tristement : Pourquoi de tels hommes s'obstinent-ils dans leur bouderie? Leur a-t-on fait assez d'avances? Quelle force ils apporteraient au gouvernement de l'Empereur!...

Ah! La Rochefoucauld avait raison : « Il est plus facile de paraître digne des emplois qu'on n'a pas que de ceux qu'on exerce. » Le 4 Septembre a brisé le boisseau : vous sentez-vous éblouis? Le génie des hommes qui, depuis quatre ans, ont traversé le pouvoir, vous a-t-il aveuglés? M. le duc de Broglie s'est tenu, du moins par la parole, à la hauteur de son renom, à la hauteur de sa tâche. Mais les autres? Ceux qui nous paraissaient si grands? ceux qui nous paraissaient si forts?...

Et ces jeunes inconnus que devait nous révéler l'abolition des candidatures officielles, où sont-ils? Comment les nommez-vous? Excepté M. Raoul Duval qui vient de l'Empire, et de M. de Fourtou qui y va (les républicains du moins l'affirment), quels talents nouveaux le public a-t-il appris à connaître? « Une révolution, dit Mme Roland, c'est la « lanterne de Diogène. » Le 4 Septembre oublia d'allumer sa lanterne. Jamais on ne vit de révolution plus stérile : Ni un homme ni une idée !

On n'avait pas assez de mépris pour le Corps législatif. Chambre d'esclaves! Chambre d'incapables! Chambre de muets!

Les *esclaves* n'auraient certes pas souffert que le Vice-Empereur les traitât comme, en vingt circonstances qu'il est inutile de rappeler, M. Thiers traita les hommes libres de Versailles. L'Empereur lui-même ayant paru les trop presser pour le vote de la dotation Palikao, ils se roidirent et l'Empereur dut céder.

Les *incapables* faisaient plus de besogne en trois mois qu'on n'en fait aujourd'hui en sept ou huit.

Comparez une de leurs sessions avec celles de l'Assemblée nationale : vous en aurez la preuve (1). Moins de scrutins, moins de querelles sur l'ordre du jour, moins de motions, d'interpellations, d'interruptions, moins de questions de cabinet, — plus de réformes. Chaque année, trois ou quatre grandes questions d'intérêt général étaient creusées, approfondies, remuées de fond en comble et résolues, en dehors de toute considération de parti et sans autre passion que celle du bien public... Les libéraux affectaient de mépriser ces débats pratiques. On traitait de haut les orateurs d'affaire, si éminents qu'ils fussent, les Vandal, les Genteur, les Schneider, les Dupuy de Lôme, les Pagezy, etc. Aujourd'hui en paraît-il un, — comme M. Dufournel dans la session dernière? — quel soulagement, quel rafraîchissement! Des chiffres? des tarifs de douanes? et pas le moin-

(1) Un exemple. Prenons la session de 1864 : 197 projets de loi votés, concernant : le contrôle et la surveillance des chemins de fer, — la construction et l'outillage de la manufacture d'armes de Saint-Étienne, — les coalitions, — les conseils de prud'hommes, — le régime des sucres, — le reboisement des montagnes, — l'alignement des routes impériales et départementales, — les chemins vicinaux, — l'extension aux officiers ministériels de la loi de 52 sur la réhabilitation, — l'avancement dans l'armée navale, — les ouvriers des professions maritimes, — la création d'une ligne télégraphique entre la France et les États-Unis, — l'établissement thermal de Vichy, — les logements insalubres, — la fabrication des nouvelles pièces d'argent, — les engagés volontaires, — la Caisse des retraites pour la vieillesse, — le régime des douanes, — l'amélioration du port du Havre, — une pension à accorder à la veuve de Crespel-Delisse, etc., etc... Ne voulant citer qu'un exemple, j'ai remonté à dix années en arrière. Je n'ai pas choisi cette session comme plus favorable qu'une autre à ma démonstration. Celles qui précèdent, celles qui suivent sont toutes aussi bien remplies. On s'en assurera facilement.

dre projet de constitution? quel régal! Figurez-vous des gens réduits depuis longtemps à se nourrir de crevettes, à s'abreuver de trois-six, qui aperçoivent tout à coup un verre d'eau de source et un morceau de pain blanc!...

Et même quand elle abordait le terrain politique, cette chambre *muette* dépensait plus d'éloquence en quelques jours que l'Assemblée de Versailles n'en dépense dans l'année. Sauf les longues conférences de M. Thiers (dont le Corps législatif n'était pas privé), sauf un ou deux discours de M. Dufaure, deux ou trois discours de M. de Broglie, de quels morceaux oratoires nos annales parlementaires se sont-elles enrichies depuis quatre ans?... Citez, de souvenir? Cherchez? A-t-on vu revivre beaucoup de ces grandes journées où M. Rouher, M. Billault, M. Baroche, M. Magne, M. Vuitry, M. de Forcade La Roquette, M. Thuillier, M. Pinard, M. Chaix d'Est-Ange, M. Busson, M. le baron David, M. Mathieu, etc. se mesuraient avec MM. Keller, Pouyer-Quertier, Émile Ollivier, Favre, Simon, Pelletan, Picard, etc... Ceux-ci mêmes, en passant du Corps législatif à l'Assemblée nationale et du camp des vaincus à celui des vainqueurs, semblent avoir perdu leur talent. M. Picard n'a-t-il donc plus d'esprit? M. Favre plus de fiel? M. Arago plus de voix?... On ne les entend plus! Ah! qu'une séance de la discussion de l'adresse ou de la discussion du budget de ce temps-là nous paraîtrait intéressante aujourd'hui!

Le Conseil d'État impérial ? On le jugeait insuffisant... Demandez aux hommes qui ont suivi ses séances et suivent celles du Conseil d'État de la République ce qu'ils pensent de .tous deux. S'il n'avait recueilli quelques épaves de l'ancien, le nouveau Conseil serait manifestement inférieur à sa tâche. Avec les auditeurs de l'Empire on a fait les meilleurs maîtres des requêtes, avec ses maîtres des requêtes les meilleurs conseillers, avec ses conseillers les meilleurs présidents de section ; de l'un de ces derniers on faillit faire un président du Conseil d'État : on lui préféra M. Andral, un ami du premier degré, qui ne fera oublier ni M. de Chasseloup-Laubat, ni M. Vuitry, ni M. Baroche, ni même M. le vice-président de Parieu.

Les préfets ? Je demande encore qu'on veuille bien comparer ceux de l'Empire, je ne dis pas avec ceux du 4 Septembre dont l'administration fut une longue débauche d'arbitraire et de fantaisie, mais avec ceux d'aujourd'hui. Deux ou trois, formés dans d'autres carrières, sont vraiment distingués (mais quelle poigne !... et comme on en paraît fier !...) Trois ou quatre, élevés à l'école impériale, connaissent leur métier. Les autres n'ont d'un préfet que le titre et l'habit. Ceux qui les approchent, qui les voient à l'œuvre peuvent vous renseigner mieux que moi : interrogez-les !

Ignorant les affaires, incapables de les traiter, ils les méprisent et laissent à leurs bureaux le soin de les conduire. J'en sais un (même un des plus gros) qui affiche ce mépris et parle du droit administratif comme les grands seigneurs de l'ancien régime parlaient de l'orthographe! Leur seule occupation, c'est la politique; non la politique d'apaisement et de conciliation recommandée aux préfets impériaux, mais une politique exclusive, militante, agressive : « Je viens orléaniser le Puy-de-Dôme », disait, au débotté, un autre préfet, M. le docteur Michon, convaincu que le Puy-de-Dôme allait se laisser administrer aussi docilement que ses malades!...

Qu'une élection ait lieu, qu'un préfet de l'Empire, un préfet du 4 Septembre, un préfet de M. Thiers, un préfet du Septennat posent à la fois leur candidature : on verra lequel a conservé le plus de sympathies.

Qu'on fasse l'expérience, même à Paris! Qu'à la première vacance, M. Haussmann, M. Ferry, M. Calmon et M. Duval se présentent; on peut parier hardiment pour le premier. Oui, M. Haussmann, le plus attaqué, le plus vilipendé de tous les préfets de l'Empire, le voilà redevenu à la mode et presque populaire! On cherche à l'imiter; on reprend ses projets, même les plus contestés, même celui du cimetière de Méry!

D'où vient donc cette supériorité des fonctionnaires de l'Empire sur ceux du régime actuel?

De ceci, — que l'Empire, contrairement aux assertions de ses adversaires, était moins exigeant qu'on ne le fut depuis sur le chapitre du zèle, davantage sur le chapitre du talent, et que la faveur avait alors beaucoup moins de part qu'elle n'en a aujourd'hui au recrutement des fonctions publiques.

Les journaux d'un certain parti qui affecte d'accaparer M. le Président de la République et ne néglige aucune occasion de le compromettre, ont cru fort habile d'affirmer que M. le Maréchal de Mac-Mahon n'avait jamais été le partisan de l'Empire et qu'il l'avait déclaré lui-même à l'Empereur. Ils ne comprennent pas quel involontaire éloge ils font de Napoléon III, nommant celui dont il a reçu un tel aveu maréchal, duc, commandant de corps d'armée, gouverneur général de l'Algérie, le traitant comme s'il eût été le plus sûr et le plus chaud de ses amis.

De *tous* les officiers de l'armée impériale quel est celui qui obtint l'avancement le plus rapide? M. le général Trochu.

M. le général de Chabaud-Latour, M. le géné-

ral Valentin, M. le général Faidherbe, M. l'amiral
Fourichon, M. l'amiral de Montaignac, M. Tailhand,
M. Bérenger, M. Mettetal, M. le marquis de Plœuc,
M. de Tracy, M. de Rambuteau, etc., n'ont pas eu,
que je sache, à se plaindre de l'Empire, qu'ils
détestent aujourd'hui, qu'ils détestaient donc hier,
car je les estime trop pour croire qu'ils aient cessé
de l'aimer le jour où il cessa d'être heureux.

Aujourd'hui, que voyons-nous ?

M. le maréchal Canrobert est valide et vaillant,
l'armée en est fière, le soldat l'aime et tout le
monde l'estime ; on le laisse à l'écart ; — pourquoi ?

M. Magne est, nul ne le conteste, le meilleur ministre des finances qu'on pût trouver dans l'Assemblée. Le centre droit a voulu le renverser ; il l'a
renversé ; — pourquoi ?

M. Desseilligny apportait dans les questions de
travaux publics un zèle, une compétence incon-
testés. On lui a fait la guerre comme à M. Magne ;
— pourquoi ?

M. Lemercier, préfet du Var, avait rétabli l'ordre
moral dans ce département que le radicalisme con-
sidérait comme un de ses bourgs pourris ; on l'a re-
mercié ; — pourquoi ? MM. Bonneton, Richard, He-

nocque étaient d'excellents maires ; on les a révo-
qués ; — pourquoi?

Par la même raison qu'on avait combattu
M. Berger, M. de Launay, M. de Bourgoing.

Parce qu'il ne suffit pas, pour obtenir la faveur ni
même la justice du gouvernement, de le servir avec
conscience : il faut oublier qu'il a eu un commen-
cement, qu'il doit avoir une fin ; il faut ne jamais se
souvenir du passé, ne jamais songer à l'avenir : les
regrets sont inconstitutionnels, l'espoir est séditieux.

Ces sentiments de rigoureuse orthodoxie, les exi-
ge-t-on seulement des fonctionnaires politiques, de
ceux qui détiennent une parcelle quelconque de
l'autorité publique? Non... Quel rôle politique joue
le *Conseil supérieur du commerce et de l'industrie?*
Absolument aucun. On n'y a cependant appelé ni
M. Rouher, ni M. Michel Chevalier, ni M. Béhic,
ni le regretté M. de Forcade la Roquette. Étant
impérialistes, ils n'avaient pas le droit de s'occuper
du coton, du sucre ou du fer. Niera-t-on qu'ils s'en
fussent occupés utilement?

Quand les *libéraux* s'indignaient de voir M. de
Laprade, professeur de Faculté, traité comme un
fonctionnaire public, qui aurait cru que sous leur
administration le dentiste d'un collége du gouvernement deviendrait un personnage officiel? et quand
ils riaient si fort des « poules de l'administration, »

qui aurait dit qu'ils nous feraient connaître à leur
tour les mâchoires de l'État (1)?

Si l'on exige aujourd'hui plus de dévouement, on
exige moins de mérite, moins d'aptitude.

Sous l'Empire, il fallait vingt ans pour franchir
l'un après l'autre tous les échelons de la carrière
administrative. Ceux qui vers la quarantaine arrivaient à la préfecture de l'Ariége ou des Basses-
Alpes, s'estimaient fort heureux. On les citait en
exemple aux débutants. Pour attendre la seconde
classe il fallait être resté cinq ou six années
dans la troisième. De même pour passer de la
seconde à la première. Ces ridicules entraves n'existent plus! Est-on neveu d'un député, rédacteur
du *Français* ou précepteur des enfants d'un ministre? Fut-on le camarade d'un sous-secrétaire
d'État à la conférence Molé, ce petit parlement
de Nuremberg, où l'on jouait au gouvernement
comme les enfants à la dînette? Préfet!... Préfet
de deuxième, de troisième ou de première classe,
selon le hasard des vacances ou le crédit des
protecteurs. A trente-cinq ans, après deux ans de
services civils, on administre un département comme

(1) M. Taillebois était le dentiste du lycée de Limoges. Ayant eu le
malheur d'écrire une lettre de condoléance à M. Thiers, après le 24 Mai,
il perdit cet emploi.

les Bouches-du-Rhône ! Plus de hiérarchie ! Plus de règle ! On a vu des préfets, en trois mois, monter d'une classe à la classe supérieure. On en a vu descendre avec la même promptitude. On a vu certains départements changer neufs fois de mains en trois ans !

Le cas de M. Lavedan mérite d'être noté. Nouveau venu dans l'administration, il y débute par le poste important de la Vienne ; il s'y rend impossible. On l'envoie à Nantes, poste plus important ; il y échoue davantage. On veut lui donner une place plus conforme à ses aptitudes : aucune n'est vacante. On songe alors que M. Taschereau a des infirmités et, circonstance aggravante, des infirmités contractées au service de l'Empire ; que la Bibliothèque Nationale a besoin d'un directeur plus valide ; qu'à ce directeur valide il faudra nécessairement un aide, dont se passait le directeur infirme et que cet aide sera M. Lavedan. C'est 12,000 fr. de plus à inscrire au budget. Mais on ne peut laisser un aussi bon ami dans l'embarras ! M. Lavedan manie fort agréablement la plume. Quelle jolie page il aurait écrite pour le *Correspondant* si la chose s'était passée il y a quelques années au profit d'un autre !

M. Picard fait donner à son ancien secrétaire jeune, tout jeune encore, une excellente recette générale. On s'en émeut ; on s'en étonne : Voulant que ces places opulentes, trop aisément livrées sous d'autres régimes à des favoris sans titres, fussent réservées aux serviteurs de l'Etat, l'Empereur avait décidé qu'on ne pourrait être nommé trésorier payeur général sans compter vingt années de services financiers : on rappelle ce décret; pourquoi n'est-il pas exécuté?— Pourquoi? répond le ministre interpellé, parce qu'il gênait M. Thiers et que M. Thiers, n'aimant point ce qui le gêne, l'a secrétement abrogé.

L'Empire avait prostitué le ruban rouge?... Il ne fut cependant obligé de l'enlever d'aucune des boutonnières où il l'avait posé. Pour être chevalier en ce temps-là, il fallait compter un certain nombre d'années de services, et pour être promu à un nouveau grade, passer dans le grade inférieur un temps déterminé par la loi. La loi existe toujours, mais n'est plus appliquée. Faut-il citer des noms propres? J'y répugne. Ils sont d'ailleurs sur toutes les lèvres.

On trouvait les traitements trop élevés? On se trompait; nous avons deux bonnes raisons de le croire : la première c'est qu'on ne les a pas réduits; la seconde c'est que les serviteurs de l'Empire sont sortis des fonctions publiques moins riches qu'ils n'y étaient entrés.

La retraite pour plus d'un, c'était la ruine. Tous, presque tous du moins, supportèrent vaillamment cette épreuve. Ils ne se crurent pas obligés de « servir leur pays » sous des maîtres qui injuriaient leur passé. Spectacle consolant, auquel ne nous avaient pas habitués les révolutions précédentes. Rappelez-vous l'attitude du Sénat conservateur en 1814, de la Chambre des pairs en 1830, du Conseil d'État en 1848, — et comparez! Quels sont les ministres, les ambassadeurs, les conseillers d'État de l'Empire qui l'aient renié? Le 16 mars 1874, quatre ans après la révolution de septembre, on comptait à Chislehurst *soixante-cinq* anciens préfets!...

Le parti impérialiste n'est pas resté fidèle seulement à son drapeau, il est resté fidèle à ses principes. Il n'a point imité les royalistes qui, faisant commerce avec les radicaux, demandaient sous Louis-Philippe le suffrage universel, sous Napoléon III toutes les libertés. Il n'a pas un seul jour déserté la cause de l'ordre. Dans le gouvernement qui lui prodiguait les mauvais procédés et les tracasseries, il n'a voulu voir que le dépositaire et le représentant du principe d'autorité. Le ministère lui envoyait la police le matin : le soir, il votait pour le ministère et pour les lois de conservation sociale qu'il présentait. Les légitimistes, les orléanistes l'injuriaient à l'envi; il n'en soutenait pas moins M. de Billiotti le légitimiste ou M. Bruas l'orléaniste, contre le candidat de la République. Le parti impérialiste est le seul qui ait le droit de dire : « J'ai parlé, j'ai agi, dans l'opposition, comme je parlais, comme j'agissais au pouvoir; au-dessus de mon propre intérêt, j'ai toujours placé l'intérêt du pays et de la société. »

Les voilà donc ces échines souples ! ces courtisans du soleil que l'orage devait disperser ! ces serviteurs mercenaires qui n'étaient dévoués qu'à la pitance du budget et devaient passer d'un râtelier à l'autre sans perdre un coup de dent !

Depuis qu'ils ont des successeurs, on comprend qu'ils étaient calomniés; qu'ils avaient plus de talent, plus de caractère que l'opposition ne voulait bien leur en accorder, et que s'ils servaient l'Empereur avec tant de zèle, ce n'était pas seulement parce que l'Empereur avait le pouvoir, mais parce qu'il en usait à leur gré.

Les fonctionnaires de l'Empire en rentrant dans la coulisse, ont gagné tout ce qu'ont perdu les autres en occupant la scène.

La presse elle-même, la presse dont le renom d'inconstance est si bien établi, la presse impérialiste, après le 4 Septembre, a déjoué toutes les prévisions.

Passez en revue les journaux de Paris : quels sont les écrivains qui défendaient l'Empire triomphant et l'attaquent vaincu? Ils sont rares ! Ceux qui ont préféré la gêne, la misère à la palinodie, sont nombreux au contraire.

Et les journaux de province? ces journaux que la pâture des annonces judiciaires attirait seule à l'Empire, combien l'ont renié ? Demandez à M. Pascal, qui représentait jadis en face de cette presse stipendiée la presse incorruptible, demandez-lui ce qu'il en pense?... Mais, non ! C'est inutile : il nous l'a fait savoir. Relisons la fameuse circulaire par laquelle il s'informait du *prix* que les journaux conservateurs, ou *susceptibles de le devenir*, pourraient attacher à *la bienveillance du gouvernement*... (Figurez-vous cette circulaire signée Imhaus ou Treilhard et publiée dans les *Papiers secrets !*) Cette tentative de corruption n'eut guère plus de succès que la candidature de l'amiral Larrieu. La presse impérialiste ne se laissa point entamer. Et comme les députés derrière lesquels elle marche, oubliant les continuelles taquineries dont elle était l'objet, elle continua de soutenir le pouvoir sans lui sacrifier ses convictions

IX

LA RUINE

Despotisme en haut, en bas servilité : un pareil régime devait nécessairement tarir les sources de la prospérité publique.

Les finances étaient gaspillées par des ministres complaisants. Les budgets, à peine discutés au Corps législatif, ne s'équilibraient que par des procédés artificiels. Dans une brochure dont il suffit de rappeler le titre, — *Dix ans de déficit*, — M. Keller le prouvait péremptoirement. De déficit en déficit, nous nous acheminions à la banqueroute. En 1869, M. Léon Say jetait un cri d'alarme : la situation financière était grave, très-grave ; il était temps que l'Empire disparût !

La fortune privée n'était guère moins compromise que la fortune publique. Nos comptoirs étaient déserts, nos usines languissantes. A cette question de M. Haentjens « Niez-vous donc l'activité du commerce ?» M. Magnin répondait nettement : «Oui, je la nie ! » (1) Un journal républicain disait vers le même temps : «La ruine frappe à toutes les portes, elle n'a ni temps d'arrêt, ni limite» ; un autre : «La bourgeoisie est ruinée et sans confiance, les travailleurs sont sans ouvrage » ; un journal légitimiste enfin : «Qu'avez-vous fait des finances qui, à l'heure où vous avez établi votre système, étaient prospères ?... La France était riche, elle est ruinée.»

Qui l'avait ruinée ? l'Empereur. Comment ? Par les traités de commerce.

L'idée du libre-échange s'était souvent produite avant l'Empire. Sous la monarchie de Juillet, des députés, directement intéressés à la question, mais incapables de céder à une préoccupation personnelle en avaient fait aisément justice. M. Thiers, ennemi résolu des innovations aventureuses, n'avait point eu de peine à montrer dans la liberté commerciale une utopie révolutionnaire. Les hommes de 48, eux-mêmes, malgré leurs velléités d'affranchissement universel, n'avaient point voulu heurter sur ce point le sentiment public. Lord Normanby, ambassadeur d'Angleterre à Paris, écrivait alors à son gouvernement : « Il y a une question que nous devons nous garder de recommander prématurément à la République : c'est la liberté du commerce. Elle viendra

(1) 2 juillet 1868.

avec le temps ; mais en ce moment rien n'est plus impopulaire en France que le nom même de libre-échange. »

Mais l'Empereur se souciait bien du sentiment national ! Prêtant l'oreille aux conseils intéressés de l'Angleterre, il lui livra la fortune de la France.

Quand la nouvelle de ce coup d'État industriel éclata, quand ces traités mystérieusement préparés, secrètement signés furent connus, l'opinion libérale se souleva tout entière. Pas une voix ne manqua dans ce concert de malédictions ; et M. Prévost-Paradol put écrire sans dépasser la vérité : « Il n'y a pas en France UN SEUL partisan du traité de commerce. »

Les industries dont le sort était remis en question, (comme la métallurgie, les tissages de Roubaix, etc.) protestèrent avec énergie, avec emportement. Quarante-cinq Chambres de commerce — sur soixante — hostiles à la réforme, envoyèrent à Paris quatre cents délégués chargés de présenter leurs remontrances ; ceux-ci, la voix haute, vibrante d'indignation, de colère, dirent à M. Rouher, ministre du commerce et le principal complice de l'Empereur en cette occasion, que pour mettre nos usines en état de soutenir la concurrence étrangère, il fallait dépenser plus de deux milliards, que cette somme exorbitante dépassait évidemment les ressources de l'industrie nationale ; que celle-ci allait donc dépérir et s'éteindre, et qu'il en porterait, ainsi que

Napoléon III, la lourde responsabilité devant l'histoire.

Cette nouvelle affaire arrivait fort à propos pour l'opposition : c'était de l'eau à son moulin, qui allait en manquer. La tribune, la presse ne s'occupèrent plus d'autre chose. M. Thiers se surpassa ; M. Brame se révéla ; M. Pouyer-Quertier devint à la mode. Aux élections de 1863, tous les candidats indépendants eurent un paragraphe sur les fourneaux éteints, sur les métiers brisés par les caprices du pouvoir personnel. En 1869, ce moyen ne leur semblait pas hors d'usage, et beaucoup disaient encore, comme M. Bocher :

> On peut, par des traités négociés en secret, surprendre l'industrie nationale et la livrer sans préparation à tous les efforts de la concurrence étrangère.

Enfin, les attaques dirigées contre la réforme de 1860 avaient été si vives, si efficaces que l'Empereur crut devoir reconnaître au Corps législatif le droit d'intervenir dans la conclusion des futurs traités de commerce.

Que pense-t-on de tout cela maintenant ?
Nos ministres des finances gaspillaient la fortune

publique?... Mais quand il s'agit de mettre un peu d'ordre dans les affaires embrouillées de Septembre; quand on veut substituer des budgets sérieux aux budgets de M. Say, beaucoup plus *fictifs* que ceux de l'Empire (on y voit figurer comme argent comptant les 93 millions chimériques des matières premières !) à qui s'adresse-t-on? A M. Magne.

Les budgets de l'Empire étaient trop rapidement examinés par le Corps législatif? Ceux de la République sont plus, beaucoup plus, rapidement examinés par l'Assemblée nationale, qui ne daigne s'intéresser qu'aux questions politiques (1).

M. Léon Say, en 1869, trouvait la situation financière désastreuse. M. Léon Say, en 1873, la déclare « extrêmement satisfaisante. »

L'Empire, en imposant aux contribuables des charges excessives, avait tari les sources de la fortune nationale? Mais ses successeurs n'ont eu qu'à se baisser pour puiser des milliards à cette source tarie ; cinq milliards pour continuer la guerre, cinq milliards pour libérer le territoire; et malgré ces deux larges saignées, et bien qu'elle n'ait encore pu reconstituer ses forces, la France ne paraît guère épuisée.

____

(1) Le *Figaro*, dans sa revue de la dernière session, constatait que six heures avaient suffi pour voter « un ensemble de projets autorisant ou provoquant plus de 150 millions d'entreprises considérables, » et « huit minutes » pour examiner des conventions postales et des tracés de chemins de fer, tandis que l'incident Girerd ou l'incident Duvergier de Hauranne en absorbaient plus de trente.

Après la secousse de février 1848, elle semblait plus appauvrie, plus gênée... Mais à quoi bon insister ? Que l'Empire ait enrichi la France, qu'il l'ait gorgée, saturée d'or, n'est-ce point aujourd'hui une vérité acquise, incontestée (1) ?

Les traités de commerce n'avaient donc pas tué l'industrie? Bien au contraire! la stimulant, la forçant à briser ses liens, à accélérer sa marche, ils avaient largement accru et sa production et ses bénéfices. Loin de la compromettre, l'Empereur avait, d'un trait de plume, doublé la fortune industrielle de la France. Connaît-on, dans le présent, dans le passé, beaucoup de souverains, beaucoup d'hommes d'État dont on en puisse dire autant?

Ceux qui avaient le plus énergiquement protesté contre la réforme ont dû confesser leur erreur et rendre hommage à la clairvoyance de Napoléon III et de son complice. Il y a deux ans, je vis à Chislehurst, des manufacturiers de Roubaix (de Roubaix!), que les traités de commerce avaient enrichis, et qui venaient en remercier l'Empereur exilé.

---

(1) Le chiffre du commerce général s'est élevé sous la Restauration de 400 millions, sous le gouvernement de Juillet de 1,800 millions, sous l'Empire de *cinq milliards et demi !* Entre 1854 et 1869, le commerce spécial monte de 2 millions à 6. Le commerce ultérieur, d'un milliard à 6! Les escomptes de la Banque, de 2 milliards à 6 1/2! Sous la Restauration le produit des impôts indirects (le criterium le plus sûr de la prospérité publique), s'accroît de 227 millions, sous le gouvernement de Juillet de 222, sous l'Empire de 704, (plus 150 millions d'impôts supprimés!)

Dans cette Assemblée de Versailles qu'on a spirituellement nommée le *Congrès des rancunes*, et dont le premier souci fut de poursuivre et d'anéantir toutes les œuvres impériales, on se gardait bien de toucher celle-là. Retournant le mot de Prévost-Paradol, on pouvait dire : « Il n'y a plus en France un seul adversaire des traités de commerce. »

Si, pourtant! Il y en avait encore un, un seul. Les autres, vaincus par l'évidence, avaient successivement déposé les armes. M. Thiers, qui ne reconnaît pas même aux faits le droit d'avoir raison contre lui, refusait de capituler : il aimait mieux faire sauter la place que de la rendre.

Par un excès d'égoïsme sans exemple, il entendit substituer son opinion à celle de la Chambre tout entière, à celle du pays tout entier. L'industrie se trouvait fort bien des traités; toutes les Chambres de commerce demandaient qu'ils fussent maintenus; mais les traités déplaisaient à M. Thiers, et M. Thiers voulait les déchirer. Si le 24 Mai ne l'avait renversé du pouvoir, c'était chose faite. Déjà la Chambre, tout en blâmant cette désastreuse fantaisie, s'y était résignée. Et M. Jules Simon, qui, jadis, voulant ménager les sentiments libre-échangistes de la Gironde, sans approuver la politique libre-échangiste de l'Empire, se tirait d'affaire en reprochant à l'Empereur la timidité de ses efforts, M. Jules Simon avait dit *amen* à ce caprice du maître.

Ainsi, quand l'Empereur risquait sa popularité, son pouvoir, pour doter le pays d'une réforme féconde, — on se révoltait.

Quand M. Thiers sacrifie la fortune du pays à son incommensurable orgueil, — on s'incline.

X

LA CORRUPTION

Soit! L'Empire n'a point ruiné la fortune nationale; admettons même qu'il l'ait accrue? Mais
y a-t-il là vraiment de quoi s'enorgueillir? Progrès
matériel, triste progrès! Si l'Empereur a développé
notre prospérité, pourquoi l'a-t-il fait? Dans un
intérêt purement dynastique. *Enrichir pour énerver, énerver pour régner*—telle fut sa devise. Le règne
de Napoléon III, ce n'est pas seulement *vingt années de despotisme*, c'est *vingt années de corruption!*

Pour plier le peuple au joug, il faut bien le
courber vers la terre, l'assimiler à la brute, éteindre
ce double foyer que l'instruction entretient dans son
esprit, la religion dans son âme.

Allons, peuple! amuse-toi. Tu as d'opulents salai-
res. Va courir les guinguettes et les spectacles. *Pa-
nem et circenses* ! comme le disait avec un éloquent

mépris M. Prévost-Paradol, quand parurent les décrets sur la liberté de la boulangerie et la liberté des théâtres. Du pain et des spectacles !

Quels spectacles ! Des féeries indécentes ! Des opérettes graveleuses ! A Meyerbeer a succédé Offenbach ! à la Malibran ! la Schneider ! à Rachel, Thérésa ! à Victor Hugo, le décorateur ** et le costumier *** ! Art de décadence ! Littérature de Bas-Empire ! Sans liberté point de chefs-d'œuvre (1).

Si la France est corrompue, — dit la [droite qui se préoccupe surtout de l'âme ; — si la France est ignorante, — ajoute la gauche plus soucieuse de l'esprit, — c'est que l'Empire spéculait sur sa corruption et sur son ignorance.

Je réponds à la droite :

Vous êtes bien sévère pour le progrès matériel ! Améliorer le sort du peuple fut l'ambition de tous les princes ; on ne les en avait pas encore blâmés. Les légitimistes, M. le comte de Chambord tout le premier, rappellent avec plaisir la *poule au pot* de Henri IV ; et les orléanistes n'ont pas oublié leur programme : *enrichissez-vous* (2) !

(1) *M. Pelletan.* « Je ferai remarquer à M. le commissaire du gouvernement que depuis quelques années nous ne voyons guère apparaître de chefs-d'œuvre, soit sur nos grandes scènes lyriques, soit sur les autres théâtres.

M. Picard. Cela tient à l'absence de libertés. » (Session de 1866.)

(2) Au lendemain de la révolution de Février, un des plus habiles défen-

Aujourd'hui même, étant au pouvoir, ils s'efforcent d'établir que la prospérité impériale s'est maintenue, que si l'industrie se plaint, elle est injuste, que si le peuple souffre, la statistique lui donne tort. Pour que le commerce, déjà florissant, soit plus actif encore, on organise des fêtes, des fêtes somptueuses, on les organise même en carême, ce qui ne s'était jamais vu dans les « vingt années d'énervement. »

La France est corrompue, plus corrompue que jamais? En êtes-vous sûrs? Toutes les générations ont parlé comme vous, ne voyant du présent que ses vices, du passé que ses vertus. Cependant je remarque qu'en 1869 la criminalité était de quarante-sept pour cent moins élevée qu'en 1849. Je remarque que plus les prisons se vidaient, plus les églises s'emplissaient. Demandez à vos pères, à vos grands-pères, si de leur temps elles étaient aussi fréquentées? — L'Empire n'y fut pour rien, dit-on. Sans lui, mal-

seurs du gouvernement de Juillet, M. Eugène Forcade, tenait à grand honneur de constater que ce programme avait été rempli : « On sait, disait-il, que le revenu des impôts indirects perçus sur les consommations du peuple sont le thermomètre exact de la prospérité ou de la gêne d'un pays. Sous le coup de la révolution de Février et des désastres qu'elle a produits, ce revenu a subi cette année une énorme diminution; LORSQUE LA FRANCE EST HEUREUSE, il suit au contraire une marche ascendante... Un autre indicateur aussi infaillible de la condition économique d'un peuple, c'est le mouvement du commerce annuel... Eh bien, je vois que la valeur de nos exportations réunies qui était de 1,168 millions en 1827, était parvenue en 1846, vingt ans après, en suivant une progression constante, au chiffre de 2 milliards 435 millions... Il n'y a à constater ici qu'un résultat ÉCLATANT, IMMENSE, devant lequel toutes les déclarations révolutionnaires et tous les sophismes socialistes demeurent CONFONDUS, ANÉANTIS. »

gré lui peut-être, l'Église a fait ces conquêtes, par son infatigable apostolat, par la multiplication de ses œuvres, de ses sanctuaires, de ses couvents, de ses maisons d'éducation, etc. — Soit ! Mais à qui doit-elle d'avoir pu multiplier ses sanctuaires, ses couvents, ses maisons d'éducation, étendre, en un mot le rayon de sa propagande? Si ses ressources, si ses moyens d'action se sont plus développés depuis 1851 qu'ils ne l'avaient fait dans la première moitié du siècle, à qui le doit-elle? A quelle époque le clergé, l'épiscopat, les missions, les congrégations, même celle des jésuites (brisée par Louis-Philippe, brisée par Charles X, brisée par l'ancien régime), furent-ils plus indépendants? Avant que la question romaine (où le clergé ne vit qu'une question religieuse, où l'Empire avait vu surtout une question politique), en fit son adversaire, M. Louis Veuillot rendait cette justice à Napoléon III. « Ce que Napoléon a fait pour la religion, partant pour l'ordre social aucun autre homme connu ne l'aurait pu faire et peut-être ne l'aurait su faire. *L'Église jouit sous son règne d'une liberté qu'elle n'a pas connue depuis longtemps, depuis des siècles.* » L'Empereur ne se contentait pas de bien traiter la religion, il en parlait (l'aveu sort de la même plume), « comme depuis longtemps nul roi n'avait su ni osé parler. » Dans l'un des nombreux discours auxquels M. Veuillot faisait allusion, l'Empereur avait prononcé cette phrase remarquable :

Mon gouvernement, je vous le dis avec orgueil, est un des seuls qui aient soutenu la religion pour elle-même ; il la soutient, non comme un instrument politique et pour plaire à un parti, mais uniquement par conviction et par amour du bien qu'elle inspire et des vérités qu'elle enseigne.

Non, l'Empire ne fit pas de la religion un instrument de règne ; il ne mêla point le clergé à la politique. Il le laissa dans son domaine, libre, riche, fort, honoré : c'est la seule manière de le servir utilement. La Restauration ne l'avait pas su faire : en l'associant trop étroitement à son sort, elle lui fit partager sa disgrâce ; en étayant le trône par l'autel, elle renversa l'un sur l'autre. Au lendemain de la Révolution de 1830, la France était voltairienne. Louis-Philippe, courtisan de la foule, fait, pour lui plaire, enlever les croix des édifices publics, les crucifix des tribunaux. Il supprime les aumôneries. Il laisse piller, sous l'œil indifférent de la police, Saint-Germain-l'Auxerrois et l'Archevêché. Il livre Sainte-Geneviève *aux Grands Hommes* et inaugure solennellement cette comédie sacrilége. Il interdit les processions et toutes les manifestations extérieures du culte. Tel était alors le sentiment public, encouragé, flatté par le pouvoir, qu'un prêtre hésitait à montrer sa soutane dans les rues de Paris (1).

---

(1) « Je dois faire remarquer que l'influence des prêtres catholiques dans cette province est plus grande qu'on ne le croit à Paris. Dans les convois funèbres on les voit ici revêtus de leurs costumes d'église, avec croix et

Telle est la différence des temps! En 1830, l'esprit public était hostile à la religion, à ses ministres. Il leur est plus favorable aujourd'hui qu'il n'avait été depuis fort longtemps. On ne peut le nier. Mais on en conclut que le régime sous lequel cette heureuse transformation s'est accomplie était un régime corrupteur, irréligieux, *athée* : le mot a été prononcé... Est-ce mauvaise foi? Est-ce ignorance?

Tout plutôt que l'Empire! Des catholiques, des prêtres le disent, eux aussi. J'en sais qui, se conformant à cette devise, votèrent, en 1869, pour M. Gambetta. Leur client fit son chemin, leur vœu fut exaucé. L'Empereur tomba, M. Gambetta prit sa place, suivi de près par Raoul Rigault. Le clergé vit alors si tout valait mieux que l'Empire et quel adoucissement la République apporterait à sa condition.

Qu'a-t-il gagné, qu'ont gagné les catholiques à l'avènement du parti royaliste? Je le cherche! J'aperçois une loi complétant l'organisation du service religieux dans l'armée; rien de plus. Au-

bannières, parcourir les rues et chantant mélancoliquement, spectacle bien fait pour étonner, quand on vient de la capitale, où tout cela est sévèrement défendu par la police, ou plutôt par le peuple. Pendant tout le temps de mon séjour à Paris, je n'ai pas vu un ecclésiastique en costume officiel; je n'ai jamais vu l'Église représentée ni par ses ministres ni par ses symboles dans aucun des milliers de cortéges de deuil qui ont passé devant moi pendant la période du choléra. » (H. Heine. Lettres de Normandie, 1er août 1832.)

« ... C'était un homme maigre, boutonné jusqu'au menton, qui se masque en homme du monde, comme cela arrive maintenant à Paris à tous les prêtres, par crainte des outrages publics. » (Id.).

près de tout ce qu'avait fait l'Empire (1), c'est peu !

Quant à la moralité publique, — s'est-elle beaucoup accrue depuis le 4 Septembre ?... Les prisons de l'État contiennent dix mille pensionnaires de plus !

A la gauche je réponds :

L'Empire négligeait l'instruction populaire ? Il avait cependant augmenté de dix mille le nombre des écoles, de onze cent mille le nombre de leurs élèves, de un million le nombre des admissions gratuites. Paris même, Paris, la *Babylone moderne*, dépensait cinq millions pour l'enseignement primaire ; en 1848, il n'en dépensait qu'un.

Ce n'était point assez ? Soit ! Tout ne peut se faire en un jour, et l'on ne s'arrêtait pas.

Mais vous, vous qui traitez si dédaigneusement l'œuvre de l'Empire, qu'avez-vous donc fait ? Il

(1) La restitution de Sainte-Geneviève au culte, le décret de 1852 sur les congrégations, la création des aumôniers de la flotte, des aumôniers des dernières prières, la fondation de la caisse des retraites ecclésiastiques, le rétablissement des processions, de la chapelle impériale, du chapitre de Saint-Denis, l'augmentation considérable de budget des cultes, l'institution de la messe militaire du Val-de-Grâce, la protection des missionnaires, la croix relevée en Chine, les chrétiens vengés en Syrie, onze cents succursales nouvelles fondées, la statue colossale du Puy élevée avec les canons de Sébastopol, les cardinaux appelés au Sénat, etc., etc.

semblait, à vous entendre, que la France fût ignorante, et qu'avec un peu de bon vouloir, avec un simple décret sur l'enseignement obligatoire, on la rendrait savante.

Je ne veux plus m'occuper que de l'instruction obligatoire, écrivait l'un des vôtres en 1869, j'ai cela en tête. *Je n'en dors pas.* Je veux faire un grand effort pour arracher mon pays à l'ignorance. Est-ce Bismarck qui a fait Sadowa? Est-ce la landwehr? C'est le maître d'école et lui seul. N'ayons plus d'autre armée permanente que celle qui répand la civilisation et qui sème la lumière avec la liberté.

Comment se nommait cet ennemi des armées permanentes et des landwehrs? Il se nommait Jules Simon. Il occupa longtemps, très-lontemps le ministère de l'instruction publique. Qu'y a-t-il fait? Il a introduit le maniement du fusil dans le programme des études... Mais d'instruction obligatoire, point! S'il est homme de parole, que de nuits sans sommeil!

Et ces poëtes? ces musiciens? ces artistes que les premiers rayons de la liberté devaient faire surgir du sol affranchi, où sont-ils?

Les « grandes scènes lyriques » ont-elles vu paraître les chefs-d'œuvre annoncés par M. Pelletan? Hélas! non. Les chefs-d'œuvre n'ont pas paru, mais les grandes scènes ont disparu! Plus de Théâtre Lyrique ! les premiers rayons de la liberté y ont mis le feu. Plus d'Opéra ! brûlé à son tour et sans doute par la même torche !

Ne joue-t-on plus de féeries indécentes, d'opérettes graveleuses ? Regardez les affiches. La *Jolie Parfumeuse* vaut assurément la *Belle Hélène*... M. Offenbach n'a-t-il plus de théâtre ? — il en a deux !

Vous le voyez, si le goût du public est dépravé, la faute n'en est point à l'Empire : ni la défaite, ni la République n'ont pu l'épurer.

XI

L'INVASION

Mais le dénouement? En toute chose il faut considérer la fin. A quoi ces prospérités factices et cette sécurité trompeuse ont-elles abouti? A la défaite, à l'humiliation de la patrie. Destin fatal des Bonaparte! L'Empire, c'est la guerre, l'Empire, c'est l'invasion, l'Empire, c'est le démembrement. Deux expériences nous suffisent.

Qui dit cela? Est-ce seulement les pamphlétaires quotidiens de la presse radicale? Non. C'est M. Henri Martin, c'est M. Thiers, deux historiens. C'est même M. Laboulaye. M. Laboulaye ne veut plus entendre parler de l'Empire. Ce qu'il lui reproche, ce n'est pas seulement 1870, c'est 1814, c'est 1815. Il a pris sa part du plébiscite cependant? Il consentait à entrer au Sénat? C'est qu'on l'avait

« odieusement trompé »... On lui avait caché Waterloo !

Puisqu'on veut rendre le passé solidaire du présent et même de l'avenir, il faut bien dire un mot du passé.

La France ne doit à Napoléon 1er que ruines et désastres? Il la laissa vaincue, amoindrie, déshonorée?... Dans quel état l'avait-il donc trouvée? L'oublie-t-on? Faut-il le rappeler? Sa « décomposition » est proche (1). L'Europe va l'écraser. Elle est à bout de forces, à bout de ressources. Plus d'argent, les caisses de l'État sont vidées jusqu'au dernier sou (2). Plus de crédit, la rente est descendue à onze francs. Plus de gouvernement, les généraux se moquent des ordres du Directoire et jettent ses représentants en prison ; l'Ouest a de nouveau pris les armes. Plus d'administration, les fonctionnaires que l'État ne peut payer, se payent de leurs mains, tout est au pillage. Plus de police, on égorge en plein jour dans les rues de Paris, vingt-trois courriers en quelques mois sont dévalisés et tués (3). Plus de culte, les églises sont souillées, une pique sur-

____

(1) Thiers. *Histoire du Consulat et de l'Empire*. Tome Ier.
(2) Marquis d'Audiffret, *État de la fortune nationale*.
(3) De Goncourt. *La Société française pendant le Directoire*.

montée d'un bonnet rouge y remplace la croix, les
prêtres sont proscrits ou déportés (1) ; un seul convoi
vient d'en conduire 200 à la Guyane, où ils sont
morts (2); 1,400 autres attendent leur tour à l'île
d'Oléron. Plus de commerce, plus d'industrie, les
métiers chôment, les ports sont vides, les magasins
déserts. Plus d'armée, nos soldats ne sont ni payés,
ni vêtus, ni nourris. « Couverts de haillons, consu-
més par la fièvre et la faim » les uns tendent la
main, les autres désertent et vont « grossir les
bandes de brigands qui infestent les grandes routes, »
Des corps entiers « quittent leurs postes, malgré
leurs généraux, pour en aller occuper d'autres où ils
espèrent vivre moins misérablement » (3). La France
en est là ! Elle se sent perdue. Un seul homme pourrait la sauver : il est en Égypte. On l'a rappelé; mais
arrivera-t-il à temps ? On compte les jours avec angoisse. Il débarque enfin !... On le reçoit « comme un
souverain appelé au trône. » Car ce n'est point seulement d'un chef militaire, c'est d'un chef politique
que la France avait besoin et le 18 Brumaire était
nécessaire » (4).

Non, ce n'est pas l'Empire qui ameuta l'Europe

(1) Le comte d'Estourmel, parlant de cette époque, dit : « Beaucoup de
mes contemporains ne se rappelaient pas s'être jamais trouvés avec un prêtre. Ils connaissaient tout au plus Dieu de réputation, mais aucun de ses
ministres de vue. »

(2) Barante. *Histoire du Directoire.*

(3) Thiers. *Histoire du Consulat,* t. Ier.

4) Thiers. *Histoire de la Révolution,* t. X.

contre nous, c'est la révolution (1). Si Bonaparte
avait péri en Égypte, l'invasion eût suivi de près sa
mort ; il la recula de vingt ans ; telle est la vérité...
Et pendant ces vingt ans il constitua la France moderne ; il la constitua si solidement qu'après sa
chute l'ancien régime n'osa plus la toucher.

On regarde toujours l'endroit de l'histoire : on ne
cherche jamais à en deviner l'envers. Que serait-il
arrivé si les Bourbons avaient été ramenés par l'Europe victorieuse dans cette France bouleversée, où
l'ancien ordre de choses était détruit, où le nouveau
n'était pas encore assis ? Pour fabriquer le moule
moderne, avaient-ils assez de génie ? Pour y
jeter hommes et choses, assez de vigueur ? Auraient-
ils pu, quand le billot fumait encore, réconcilier les
fils ou les frères des victimes avec les bourreaux et,
comme on l'a dit, « la hache avec la tête coupée » ?
Non ! les Bourbons succédant au Directoire, c'était
la guerre civile aux quatre coins de la France : les
royalistes éclairés le comprenaient si bien qu'ils
redoutaient la victoire (2).

En 1814, leur lit était fait ; ils n'eurent plus qu'à
s'y coucher. Napoléon leur laissait la France unifiée,

(1) « Une Chambre telle que nous la voudrions n'eut pas méconnu ce
qu'elle devait à la mémoire d'un grand et glorieux homme, implacablement
et lentement supplicié par les rois de l'Europe, en haine de notre Révolution, qui les avait tant de fois accablés par son bras. »

(2) L'un des plus ardents, Charles Nodier, a dit, à ce propos : « C'était
une des inquiétudes qui nous agitaient incessamment et l'horreur que nous
inspirait *tant de sang* prêt d'être répandu, nous effrayait de la victoire et
de la liberté. » (*Souvenirs de la Révolution et de l'Empire.*)

pacifiée, purifiée, pourvue d'un outillage administratif, financier, judiciaire, incomparable, et, malgré
ses revers, infiniment plus riche, plus forte, plus
glorieuse qu'il ne l'avait reçue... Voilà ce que
disaient les historiens de tous les partis quand ils
n'avaient pas un intérêt politique à dire le contraire,
les légitimistes comme Chateaubriand, les orléanistes
comme Fonfrède (1) et Guizot (2), les républicains
comme Armand Carrel, Elias Regnault, Laurent (de
l'Ardèche), Pierre Leroux et M. Thiers, En chan-
geant de tactique on change de langage. Qui oserait
cependant affirmer de sang-froid, après y avoir un
instant réfléchi, que la France de 1798 lui paraît
plus forte, plus riche, plus glorieuse que la France
de 1815 et qu'il voudrait pouvoir supprimer ces
vingt années de notre histoire ?

Ceci dit pour le passé, j'arrive aux événements
d'hier. C'est à Napoléon III, à lui seul, que nous
devons la guerre de 1870, l'invasion, la perte de

(1) « Napoléon est tombé, dit-on, et cependant, tout grand qu'il fut, la
France, faute de lui n'a pas péri! Mais pourquoi? Parce qu'il l'avait impré-
gnée de sa force, de sa puissance, des créations de son génie; parce qu'il
l'avait arrachée à l'anarchie, parce qu'il lui avait rendu le goût de l'ordre et
du travail, parce qu'il avait rétabli ses finances, parce qu'il lui avait donné
des lois civiles, parce que les débris de sa grandeur, en un mot, survivaient
à Napoléon lui-même ; et c'est précisément parce que nous avions trouvé cet
homme au sortir de nos discordes civiles que nous avons été ensuite en mesure de nous en passer. » (Fonfrède, *De la royauté*.)

(2) « La France démocratique doit beaucoup à l'Empereur Napoléon. Il
lui doit deux choses d'un prix immense : au dedans, l'ordre civil, au dehors,
l'indépendance nationale fortement établie par la gloire. » (Guizot. *De la
Démocratie*.)

l'Alsace et de la Lorraine?... Ainsi, au mois de juillet 1870, l'Empereur était le maître absolu? Ainsi, les ministres, la Chambre, la presse, la rue étaient sans influence? Ainsi tous conseillaient la paix, lui seul inclinait vers la guerre et les documents qui établissent si clairement le contraire sont apocryphes? Ainsi, l'opposition n'avait pas rendu cette guerre inévitable en surexcitant le sentiment national au sujet de Sadowa, et refusé en même temps à l'Empereur les moyens de la préparer? Ainsi, lorsqu'après les premiers revers, Napoléon III remontait vers le Nord, au lieu de rentrer selon son désir aux Tuileries, il ne cédait point à *des considérations politiques* (comme il l'a prétendu dans sa lettre à sir John Burgoyne), c'est-à-dire à cette pression irréfléchie du sentiment public, qui, par les journaux, s'imposait à l'Assemblée, par l'Assemblée au ministère, par le ministère au souverain constitutionnel et (pour notre malheur!), du premier jusqu'au dernier jour, a tout inspiré, tout conduit?

Dieu merci! la légende odieuse des premiers jours s'efface. L'histoire commence. Tout le monde sait aujourd'hui que si l'Empereur avait pu suivre ses seules inspirations la guerre de 1870 n'aurait pas eu lieu, ou qu'elle eût tourné à notre avantage, parce que, dès 1866, nous aurions été forts; que, même en supposant la guerre, même en supposant les premières défaites, l'armée de Châlons serait revenue sous Paris, ce qui nous eût épargné Sedan et le

4 Septembre et le démembrement !.. A cela que
peut-on répondre ? Les uns, disent, comme la *Gazette de France*, avec une loyauté qui n'échappera
point au lecteur :

Comment ! c'est le parlementarisme qui a perdu l'Empire ?
mais alors l'Empereur est plus coupable qu'on ne le pensait,
puisqu'étant le maître il a de son plein gré renoncé au pouvoir absolu pour livrer la France au parlementarisme.

Les autres s'en tirent plus simplement encore. Ils
ne tiennent nul compte des preuves, des documents
qui contrarient leur thèse et continuent à dire im-
perturbablement que l'Empereur cherchait une occasion de faire la guerre, parce qu'il sentait le flot de
la révolution monter jusqu'à lui et qu'une campagne
heureuse était la seule carte qu'il lui restât à jouer.
Ils continuent à dire que l'Empereur alla engloutir à
Sedan la fortune de la France, comme il l'avait compromise en tirant l'épée, — pour sauver sa couronne.
Invoquant le propre témoignage de Napoléon III (qui
trouvant ses adversaires trop généreux avait sans
doute éprouvé le besoin de se charger lui-même), ils
prêtent ce sens au mot de *considérations politiques*
que je rappelais tout à l'heure, et voient dans la
lettre à sir John Burgyne l'aveu d'un « égoïste
calcul. » (1)

Tout cela est faux, tout cela est absurde ! Tenons

(1) *Journal de Paris*, 4 septembre 1874.

le cependant pour raisonnable et pour vrai ? L'Empereur était donc acculé à ce dilemme : *Guerre* ou *révolution*? Mais qui l'y avait acculé ? L'opposition Pourquoi ? Pour conquérir la liberté, ou pour conquérir le pouvoir ? L'histoire des quatre dernières années répond. Ah ! le *calcul égoïste*, ne le cherchez pas ailleurs : le voilà ! Quand on voit le sinistre cortége de maux, de ruines, de morts prématurées, de folies, de suicides, de désastres publics et privés qu'une révolution traîne après elle, quand on réfléchit aux conséquences particulièrement onéreuses que devait avoir une révolution accomplie devant l'ennemi, on est disposé à juger moins sévèrement le souverain qui aurait voulu détourner à tout prix ce malheur, plus sévèrement les hommes de parti qui voulaient à tout prix le provoquer.

En admettant même (ce que je nie, preuves en mains) que l'Empereur se soit jeté dans le gouffre de la guerre pour éviter le gouffre de la révolution, ceux qui l'en accusent auraient donc à se justifier de ne lui avoir pas laissé d'autre choix, de l'avoir réduit, d'avoir réduit la France à cette effroyable alternative.

Supposez aux adversaires de l'Empire moins de passion, plus de patriotisme, moins de nerfs, plus de raison ; qu'auraient-ils fait ? Comme font les Anglais, les Allemands, les Italiens, les Espagnols, les gens de tous les pays, hélas ! si ce n'est du nôtre dès que l'intérêt de la patrie était en jeu, ils auraient oublié l'intérêt de leur parti. Au lieu d'exploiter, d'envenimer les fautes du pouvoir (quel gouvernement peut se flatter de n'en jamais commettre?) ils lui auraient spontanément fourni le moyen de les réparer. Au lieu d'entraver la réforme militaire, ils l'auraient secondée; au lieu de se montrer plus exigeants, plus violents, à mesure que l'Empereur était plus libéral, ils auraient progressivement désarmé. La France florissante, libre, glorieuse, serait aujourd'hui la première nation du monde.... Oui, mais l'Empire serait debout! Et les déclarations de M. Picard et les déclarations de M. Vitet nous ont appris que pour les écoles politiques auxquelles appartenaient ces deux patriotes, c'eût été le pire des malheurs.

Tout plutôt que l'Empire!

XII

BILAN

L'*Union libérale* nous a donc coûté cher. Que nous a-t-elle rapporté?

Blancs, bleus, rouges, depuis M. de Larcy jusqu'à Rochefort, depuis Delescluze jusqu'à M. Depeyre, tous ceux qui la composaient ont successivement défilé sur la scène et tenu le pouvoir. Quel progrès ont-ils réalisé? Quelle réforme, grande ou petite (1),

---

(1) Même dans les rouages secondaires de l'administration, quel perfectionnement notable?... Aucun. *Paris-Journal* le constatait récemment en ces termes :

« Cette pauvre commission des services administratifs n'a vraiment pas de bonheur. Toutes ses propositions tombent ainsi les unes sur les autres, et il suffit qu'elle présente un projet pour que l'Assemblée s'empresse de le repousser. Pourquoi cela? Elle est cependant composée d'hommes recommandables, zélés, un peu trop zélés peut-être, mais enfin d'hommes instruits, consciencieux, d'une bonne volonté infatigable. Quelques-uns peuvent même passer pour des esprits éminents. Comment donc se fait-il qu'ils ne réussissent à rien, et que leurs idées ne puissent jamais supporter l'épreuve de la séance publique? Est-ce une mauvaise veine, un sort qu'on leur a jeté, une espèce de *jettatura* qui pèse sur eux? Non; seule-

ont-ils accomplie ? Chacune de nos révolutions nous avait légué, au milieu de beaucoup de maux, un peu de bien : quel bien devons-nous à la révolution de Septembre? Vit-on jamais avortement plus complet, faillite plus éclatante ? On dirait une sorte d'émulation dans l'impuissance et la palinodie.

Les hommes de Septembre supprimant, sous prétexte de défense nationale tous les corps élus, et refusant de les remplacer, en arrivent à repousser, à flétrir l'exercice direct de la souveraineté populaire (1), qui est le fondement même de l'idée républicaine (2).

ment ils apprennent à leurs dépens que cette administration si attaquée, si critiquée, en butte à tant de faciles accusations qui sont le triomphe de l'ignorance, n'est pas si maladroitement organisée que le croient vulgairement les badauds. Nommés pour opérer des réformes, ils font en effet tous les efforts imaginables pour réformer, et quand ils ont découvert, à grand' peine, un détail qui cloche ou qui paraît clocher, ils proposent à l'Assemblée d'y porter remède. Le malheur, c'est que la Chambre s'aperçoit presque toujours que le remède est pire que le mal, si bien qu'elle a fait de cette commission une espèce de grenier aux rebuts, et de souffre-douleurs, sur qui elle épuise toute la mauvaise humeur dont est capable une grande Assemblée. »

(1) Sauf quand ils y trouvent leur compte et sont par hasard assurés du succès. Témoin le plébiscite du 2 novembre 1870, dont M. Jules Favre félicitait ainsi la population : « Mes chers concitoyens, je vous remercie, au nom de notre amour commun pour la patrie, du calme avec lequel vous avez procédé au vote que le gouvernement vous demandait. Il prouve que vous comprenez toute la valeur du suffrage universel, et que vous êtes dignes de le pratiquer dans toute sa liberté. *Ce suffrage substitue la raison à la violence, et, montrant où est le droit, il enseigne où est le devoir. Il réduit au silence ceux qui, en méconnaissant son autorité, deviendraient des ennemis publics.* »

(2) Je ne parle pas de la Commune!... Et pourtant quelques-uns de ses membres faisaient assez bonne figure sous l'Empire. On ne méprisait pas les pamphlets de Rochefort; on souscrivait chez Delescluze; et, quand il s'agissait de combattre M. Schneider, on ne repoussait pas le concours d'Assy.

M. Thiers, en leur succédant, promet d'autres mœurs. Avec lui va commencer le règne des principes et de la probité politique :

Jamais, croyez-le bien, nous ne vous donnerons le spectacle démoralisant d'hommes qui viennent pratiquer au pouvoir les maximes qu'ils ont flétries dans l'opposition… Ce n'est qu'à ce titre qu'on conquiert la dignité du caractère et qu'on arrive à faire de la politique autre chose qu'une indigne comédie.

Cette promesse est bientôt oubliée ; le spectacle démoralisant est bientôt donné, les maximes flétries dans l'opposition bientôt mises en vigueur. La droite en est scandalisée. M. le duc Decazes, qui, dans une célèbre brochure, publiée en 1868 (1), avait formulé ses doctrines « conservatrices mais libérales, » a qualité, plus que tout autre, pour en revendiquer l'application. Il le fait en ces termes :

Il ne convient pas, lorsqu'on siége sur les bancs de l'opposition, de réclamer des réformes sans trêve et sans relâche et puis de monter à la tribune, lorsqu'on est devenu la majorité, pour dire que l'heure des réformes est passée, qu'elles sont périlleuses et qu'il convient de les ajourner ; c'est là *une mauvaise action*, à laquelle, pour ma part, je ne veux pas m'associer.

(1) *La liberté et les conservateurs*. M. Decazes, dans cet écrit, programme du parti auquel il appartient, réclamait toutes les libertés : la « liberté religieuse ; » l'enseignement gratuit, la presse soumise au jury, le maire élu par la commune, le droit permanent de réunion, « état naturel et normal, dont la société a le devoir spécial, absolu, de réclamer, même d'imposer l'exercice, » etc., etc.

M. le duc Decazes et ses amis prennent à leur tour le pouvoir. Ils comprennent bientôt que l'intérêt public exige d'eux cette « mauvaise action ; » leur patriotisme se résigne à la commettre.

Les adversaires de l'Empire étaient donc, les uns après les autres, obligés de reconnaître qu'ils lui avaient demandé l'impossible et refusé le nécessaire. Leur opposition s'était fourvoyée sur la question de l'armée, sur la question de l'organisation des pouvoirs, sur la question des candidatures officielles, de la décentralisation, des traités de commerce, sur toutes les questions. Supprimez ces articles du programme de leurs revendications ardentes, impérieuses, menaçantes, — qu'en reste-t-il? L'armée plus puissante, la police plus nombreuse, la centralisation plus étroite, moins de liberté, moins de sécurité, moins de prospérité : tel est le bilan de leur *Union libérale*.

Cette constatation douloureuse a-t-elle diminué leur confiance en eux-mêmes, leur mépris pour l'Empire? Nullement. Rien n'égale leur indulgence pour le présent, si ce n'est leur amertume pour le passé. L'un de ceux que l'illusion libérale avait le plus égarés, M. Beulé, meurt volontairement; on cherche à deviner le motif de sa fin mystérieuse; on lui attribue bien des causes; quant à supposer qu'il n'a pu survivre à l'effondrement de sa foi politique, nul n'y songe! Ses amis, en effet, ne semblent guère troublés par ce noble désespoir. Ils n'éprouvent ni le dégoût de la vie, ni même le dégoût du pouvoir. Ils sont aux affaires, entendent s'y maintenir, se croient seuls capables, seuls dignes d'y rester.

Est-ce à dire que la liberté pour eux était un prétexte et le pouvoir le but? Loin de moi cette pensée. Je ne veux pas voir dans leur opposition de vingt ans une *comédie*, comme celle dont Armand Carrel, après 1830, a révélé le secret en ces termes :

Contre le gouvernement des conjurés de Pilnitz il n'y avait d'honorable pour les cœurs indépendants qu'une seule attitude, l'hostilité. On était sûr de ne jamais se tromper en leur supposant de mauvaises intentions, quoi qu'ils fissent. Toute la politique, pour les journaux comme pour l'opposition dans les chambres, consistait à toujours vouloir ce qu'ils ne voulaient pas, à combattre ce qu'ils demandaient, à repousser tout bienfait offert par eux comme une trahison secrète, en un mot, à leur rendre tout gouvernement impossible afin qu'ils tombassent, et c'est par là en effet qu'ils sont tombés.

Qu'une fraction de *l'Union libérale*, la plus avancée, cédât à de pareils calculs, qu'elle fût animée de tels sentiments. il n'est point permis d'en douter. En 1869, sous le coup d'une généreuse indignation, l'*Opinion nationale* nous l'apprit :

Nous ne voulons pas laisser la liberté s'établir sous ce régime, nous disait l'un d'eux hier, parce que le peuple s'y habituerait, et qu'une fois la tranquillité assurée, le gouvernement des Bonaparte pourrait se perpétuer paisiblement. C'est pour cela que nous voulons le pousser aux mesures extrêmes, afin que le pays fatigué renverse la dynastie.

Mais que les libéraux de la droite et du centre droit se soient laissés pousser jusque-là par la haine, je ne le dirai pas. J'aime mieux accuser leur clairvoyance que leur probité. La passion a pu fausser leur jugement non leur conscience. Renverser un cabinet pour « jouer le même air », c'était déjà plus qu'une peccadille ; mais renverser un gouvernement avec l'intention de continuer sa politique et dans le seul but de substituer certains noms à d'autres, faire ou préparer une révolution, pour que M. Picard soit ambassadeur, M. Tailhand ministre, ou M. Michon préfet, — c'est un crime dont je veux les croire innocents !

Ils étaient de bonne foi ! La presse impérialiste, la presse étrangère elle-même (1) leur disait-elle qu'ils ne pourraient agir autrement que l'Empereur, ils jugeaient la presse impérialiste trop intéressée, la presse étrangère trop désintéressée dans la question. Ils ignoraient les difficultés du gouvernement. Ils n'avaient pas compris qu'un pouvoir assez habile, assez fort pour rassembler, dans notre France divisée à l'excès, huit millions de suffrages autour de son drapeau, méritait le respect et le concours de tous les honnêtes gens. Ils croyaient qu'une fois dissous,

----

(1) Le *Times*, pour citer un seul exemple, appréciait ainsi, en 1868, le programme de l'*Union libérale* : « Nous n'avons nulle envie de nous prononcer sur les mérites ou sur les principes politiques de toutes ces factions, nous voulons dire seulement que si l'une d'elles arrivait au pouvoir, elle verrait aussitôt les autres s'unir contre elle, et serait contrainte d'agir comme agit maintenant le gouvernement de l'Empereur. »

ce faisceau se reconstituerait aisément dans la main
d'un de leurs princes et qu'ils fonderaient sans peine
un gouvernement plus populaire, plus libéral et plus
fort. S'ils avaient ébranlé, miné, sapé l'Empire, ce
n'était point pour en venir à nous chanter le même
air, — et plus mal! Ils étaient convaincus qu'ils en
chanteraient un autre: ils se trompaient! Beaucoup,
avant eux, furent séduits par ce brillant mirage.
Leur erreur était généreuse : nous devons l'excuser.

Mais à une condition, — c'est qu'ils la confes-
sent; c'est qu'en plagiant l'Empire ils cessent de
l'insulter !

S'ils continuaient à remplacer les bonnes raisons
par les grands mots et les arguments par des injures ;

S'ils continuaient à dire l'*Empire, c'est la révolution,* — quand tout démontre que l'Empire est
désormais la seule monarchie possible et qu'en
dehors de la volonté nationale librement consultée,
on ne peut fonder un régime durable ;

S'ils continuaient à dire l'*Empire, c'est le despotisme,* — quand toutes ces armes que l'Empire em-
ployait à défendre l'œuvre définitive de huit millions de suffrages, ils les emploient à leur tour
pour défendre l'œuvre provisoire d'une assemblée,
— assemblée souveraine (Dieu me garde de le con-
tester!) mais qui hésita longtemps elle-même sur
l'étendue de son mandat ;

S'ils continuaient à dire l'*Empire, c'est la guerre,*

c'est l'invasion, c'est le démembrement, — quand le simple rapprochement des faits établit qu'en parlant, qu'en votant jadis comme ils parlent et votent aujourd'hui, qu'en accordant à l'Empereur la moitié des ressources qu'ils ont accordées à M. Thiers, ils auraient empêché le démembrement, l'invasion, la guerre ; quand mille témoignages prouvent que l'Europe est hostile aux institutions, même au nom de la République, et qu'elle verrait avec sympathie le retour de la dynastie napoléonienne ;

Alors nous aurions le droit de mettre en doute, non plus seulement leur clairvoyance, mais leur sincérité ! Alors, il nous serait permis de penser qu'ils se préoccupent moins du salut de leurs principes que du salut de leurs intérêts ; et qu'ils mettent tant d'acharnement à écarter l'Empire, parce qu'ils craignent, — non que l'Empire gouverne mal, mais qu'il gouverné sans eux.

En quoi ils manqueraient encore une fois de justice et de clairvoyance, car, sur le vaste terrain du suffrage universel, l'Empire appelle tous les talents et toutes les bonnes volontés ; car nul régime ne fut, nul ne peut être plus accessible et plus ouvert ; nul ne pratique plus largement le pardon des injures.

S'il n'ouvre point les bras à qui lui refuse le serment ou le lui prête par dérision, s'il défend la maison contre ceux qui s'en approchent avec l'intention manifeste de la faire sauter (ce qu'on ne peut, en conscience, lui reprocher bien vivement) l'Empire accueille, sans scruter leur passé, leurs regrets, même leurs sympathies personnelles, tous ceux qui reconnaissent, tous ceux qui entendent respecter en lui l'expression de la souveraineté populaire.

« Depuis que je suis à la tête du gouvernement, disait Napoléon Ier, m'a-t-on jamais entendu demander ce qu'on était, ce qu'on avait été, ce qu'on avait dit, fait, écrit? On ne m'a jamais connu qu'une question : « VOULEZ-VOUS ÊTRE BON FRANÇAIS AVEC MOI? »

Ce large programme était celui de Napoléon III.

Il sera — s'il plaît à Dieu et à la volonté nationale, — celui de Napoléon IV.

Mazargues (Bouches-du-Rhône), 15 octobre 1874.

TABLE DES MATIÈRES

590. — Imprimerie Parisienne, J. SOUBIE, impasse Bonne-Nouvelle, 5. — Paris.

A LA MÊME LIBRAIRIE

Imprimerie Parisienne. J. Soubie, impasse Bonne-Nouvelle, 5.